# リスキリングが最強チームをつくる

パーソルイノベーション株式会社
Reskilling Camp Company代表
柿内秀賢

Discover

# はじめに リスキリングの成功は、チームリーダーのマネジメントがカギを握る

**「リスキリングといっても何をどうすればいいか分からない」**
**「DX人材を育てたいが、メンバーの変化を促すことが難しい」**
**「eラーニングを導入したが、学習が継続しない」**
**「通常業務で手がいっぱいで、デジタル活用へ時間を割けない」**

これらは、私どもが運営しているリスキリング支援サービス「Reskilling Camp（リスキリングキャンプ）」に寄せられた企業からの悩みの声です。

「リスキリングキャンプ」とは、その名のとおり、リスキリングを専門に扱っているサービスです。特に、業界全体がデジタル化による影響を受けている企業に対し、DX人材を育成するカリキュラム設計や「伴走型の学習メソッド」により、デジタル人材の社内育成と組織変革を支援しています。

リスキリングという言葉が世界的な共通言語になったのは、2018年の世界経済フォーラム年次総会（通称ダボス会議）で「リスキリング革命」と銘打ったセッションが行われた頃からだといわれています。それ以降、DX推進や変化の速い市場への対応のため、多くの企業でリスキリングの取り組みが加速しています。

実際にあなたの所属する企業でも、eラーニングが導入されたり、研修や資格取得の支援を受けられるようになったりするなど、学びを促す取り組みも増えているかもしれません。

そもそもリスキリングとは何でしょうか。2019年に日本IBM社が発表した調査報告に書かれている定義が分かりやすいので、ここでご紹介します。

市場ニーズに適合するため、保有している専門性に、新しい取り組みにも順応できるスキルを意図的に獲得し、自身の専門性を太く、変化に対応できるようにする取り組みをリスキリング＝Re－Skillingという。

出典：https://jp.newsroom.ibm.com/2019-09-10-IBM-Study-The-Skills-Gap-is-Not-a-Myth-But-Can-Be-Addressed-with-Real-Solutions

リスキリングと聞いて、個人のキャリアアップのための学び直し、といったイメージを持たれる方もいらっしゃるでしょう。しかし、本当の意味でのリスキリングは、個人が自主的に行う学び直しだけに留まりません。

**いま、求められているリスキリングとは、組織を変革するリスキリングです。**

リスキリングの成功は、組織の戦略にもとづき、既存のスキルに加え、はたらく個人がITをはじめとした新しいスキルを獲得し、それによってチームが変わり、機動力のある組織に変わっていくことにあります。

組織で、個々人が学び、新しいスキルを習得する。

ここにリスキリングの難しさがあります。

最初にあげた企業からの声もまさに、リスキリングの「実行」への課題感です。

そして、さらには、

■ＤＸ推進などの専門部署でデジタル化を推進する人材をどのように育てていくか
■情報システム部などでＩＴプロジェクトをリードする人材をどのように増員すべきか
■生産部門や営業部門などでのデジタル活用をどのように推進すべきか
■組織のデジタル化を支える人事部門にデジタルリテラシーをどのように高めてもらうべきか
■ミドルシニアといわれる年齢層の高い社員層のフォローアップをどうすべきか
■新卒から実践的なデジタル教育を施せるよう新人教育計画をどのように見直すべきか

など、リスキリングとひとくちに言っても、企業の戦略、組織構造、組織の階層、部署、メンバー構成など、さまざまな課題があります。

変化に強い機動力のある組織になるには、経営や人事の掛け声だけでは成功しません。個人の学び直しを促すだけでは成功しません。

実際にリスキリングを支援していく中で見えてきたのは、**リスキリング成功に導く原動力となるのは、現場のチームをマネジメントするリーダーである**ということです。

「人事」や「ＤＸ推進室」「経営企画」といった特定の部署だけではなく、営業部門、開発部門、ＩＴ部門なども含め、組織を担うあらゆるチーム・組織のリーダーのマネジメントが、組織全体のリスキリングとＤＸの成功のカギを握っています。

それぞれの部署やチームを統括し、事業そのものの理解も深い。メンバーの強みも理解している。組織の目的も理解し、導く力もある。部署間の価値観やスキルの違いを乗り越え、プロジェクトを推進することができる――そのようなリーダーが、課題を乗り越え、新しいスキルを身につけ、組織を変革していきます。

本書では、このマネジメントスキルを**「リスキリング・リーダーシップ」**と名づけ、解説していきます。

マクロな視点での課題、組織で起こる課題など、リアルな視点で検討していき、実際のサービスの成果にもとづいたノウハウを提供します。

本書は、リスキリングを成功させ、組織変革を担うリーダーのための手引書です。求められるマネジメントスキルをともに考え、実践していくための必携本となることを目指しています。

また、経営者や管理職ではない一般社員の皆さんにとっても、なぜリスキリングが必要なのか、自分の所属する組織があなたに何を求めているか、これから何をどうしていけばいいのか、といった全体像をご理解いただくことで、ご自身のキャリア形成に役立てていただけると嬉しいです。

解説にあたっては、なるべく多くの事例を用いて具体的にイメージできるように努めますが、「リスキリングキャンプ」のサービス内容への言及が多くなることを予めご了承ください。

# 第1章 なぜ、リスキリングはうまくいかないのか

第2章

# リスキリング・リーダーシップ

# 第3章 ステップ1 ゴールを定める（企画）

# 第4章 ステップ2 道筋を描く（カリキュラム設計）

# 第5章 ステップ3 導く（学習伴走）

# 第1章

# なぜ、リスキリングはうまくいかないのか

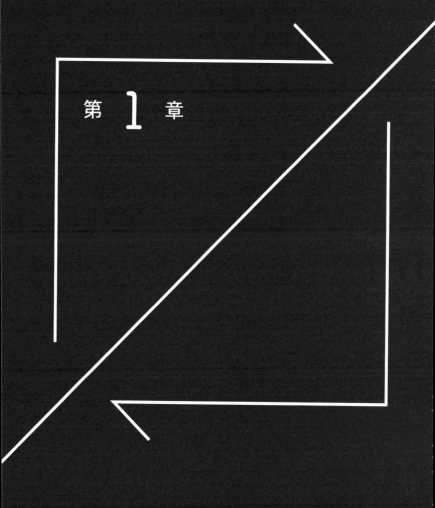

# 国内外におけるリスキリングの現在

２０１８年に開催された世界経済フォーラムの年次総会（ダボス会議）において、「リスキリング革命」が話題となり、日本でも流行語となった「リスキリング」。企業における取り組みも増えていますが、その背景にはどんなものがあるのでしょうか。また、その実行にあたって壁があるとしたら、それは何でしょうか。

まずは市場の変化から見ていきたいと思います。

## アップルの銀行サービス参入の衝撃

米国企業であるアップルは２０２３年4月17日、アップルカード（クレジットカード）を保有するユーザーに向けて年４・15％という高い利率の預金サービスを開始しました。技術力と顧客基盤に裏打ちされた世界最高レベルのブランド力を持つ異業種プレイヤーが銀行サービスに参入したことは大きなニュースとなりました。

２０１４年から決済サービス「アップルペイ」と財布アプリ「ウォレット」の提供を開始し、２０１９年からはゴールドマン・サックスと提携しクレジットカード「アップルカード」の発行を開始しています。今回の預金サービスを加えたことで、お金を借りて（クレジットカード）、使い（決済）、管理し（ウォレット）、増やす（預金と利息）とアップルの中でお金が循環する仕組みがまた一つ進みました。

しかも預金サービスの口座開設は、iPhoneからＳＳＮ（社会保障番号）を入力し、同意ボタンを2回クリックするだけで完了するようです（２０２３年現在）。金融サービスという社会的責任の大きなサービスを安定的に提供する点においての課題はあるようですが、ユーザーにとっての利便性において大きなイニシアチブがあることは明らかです。

日本でも、通信キャリアによる金融サービスの拡充・競争が積極的に行われています。顧客とのタッチポイントが強みの小売ビジネスや航空ビジネスの事業者も金融サービスへ参入しています。これらを可能にしているのは、スマートフォンやアップルウォッチなどのデジタルデバイスを活用した決済の多様化や、BaaS（Banking as a Service）のようにデジタルを活用した金融サービスの多様化です。

※BaaS：銀行が持つ決済・預金・融資などの金融サービスを、APIを介して非金融事業者に提供するサービス

私たち利用者から見える風景も変わり続けています。

電子マネーの普及で現金を扱うことが少なくなったと感じている方も多いのではないでしょうか。財布を持たなくても、スマートフォンなどのデバイスを持っていれば、ちょっとしたお出かけもできてしまいます。

そのような生活を支えているのはメーカー・鉄道・通信キャリア・小売・航空など、さまざまな業界の事業者が金融サービスを提供するようになったためです。

**本来ＩＴ業や金融業でない業界の企業が、デジタル技術を媒介にして金融サービスを提供することが当たり前になりつつあります。**一昔前までは金融サービスを提供するのは銀行や証券会社などのいわゆる金融業界だけだったことを考えると、産業間の垣根が低くなってきていることを実感します。

アップルの預金口座サービス提供開始のニュースが大きく取り上げられた理由を私なりに整理すると、次のようになります。

■ 米国銀行業への影響が大きいのではないか
■ アップルの預金利率が既存の銀行と比較して高いのは、既存の銀行にあるような窓口業務などがなくコスト負担が小さいからなのではないか
■ スマホで完結するオンラインサービスで十分だとなれば、銀行業のメインプレイヤーが入れ替わる可能性があるのではないか

つまり、ビジネスにおける「ゲームチェンジ」の可能性を秘めているという側面があると考えられます。

このようなシナリオが現実のものになるのかは分かりません。また日本においても同じことが言えるのかも分かりません。

日本における銀行業は社会インフラ的な側面を持って地域の経済を支え、高齢者を含むあらゆる人のニーズに応えてきた役割があるので、窓口業務一つとってみても、すぐになくなってしまうということはないでしょう。

ただ、大きな枠組みで見れば、失われる職、生まれる職に深くかかわる可能性があるように思います。

## 電気自動車への移行に伴い、求められるスキルが変わる

自動車業界も大きな変化を迎えています。電気自動車の普及です。カーボンニュートラルを目指す中、電気自動車を推す流れが生まれています。

電気自動車に置き換わることで、技術的にはかなり大きな変化があるようです。電気自動車の部品点数はガソリン車と比べて約3〜4割程度少なくなるといわれています。その主な理由は、エンジンが比較的構造が単純な電気モーターに置き換わることです。

また、エンジンブロック、エンジンヘッド、クランクシャフト、吸排気装置等のエンジン部品、トランスミッション、燃料タンク等の駆動、伝導および操縦装置部品が不要となり、または従来の純エンジン車と比べて小型・軽量化されます。

車の構造を単純化して考えると、ボディやガラス、内装があり、エアコンやカーナビなどの電装品があり、エンジンがあってタイヤが駆動するための機械があります。

このうちエンジンと駆動部分は特に機械の塊です。エンジン内部では、ガソリンが噴霧され、着火され、熱膨張したエネルギーはクランクシャフトを介して回転運動として取り出され、トランスミッション等を通じてタイヤを回転させます。

エンジンは1分間あたり何千～何万回転と高速回転し続け、走行距離も10万キロ程度では壊れません。さらには振動など乗り心地にもこだわれば、機械一つひとつの噛み合わせに神経を使います。大量生産する際に品質が安定するような工夫も必要です。複雑な機械を高品質に設計し、大量生産するための技術者たちの連係プレーを「すり合わせ」と呼ぶようです。

このすり合わせを含めた一連の業務が非常に高いレベルに達していることが、日本の自動車メーカーが世界と戦ううえでの強みになっていました。

ところが電気自動車では事情が変わってきます。エンジンがモーターに置き換わり、トランスミッション等の駆動制御部分が不要あるいは簡易化されることで、モーターの回転数制御などの電気的な技術がより重要となり、機械的な技術の出る幕が減ってしまいます。

さらに自動運転技術も実用化に向けて技術開発が積極的に行われています。GPSやカメラ・センサーなどによって位置や周囲の状況を検知し、AIやディープラーニングなどのIT技術を駆使して自動的に判断、高性能な半導体を駆使して、自動車の動きを制御します。

ＡＩやディープラーニングはＩＴ業界がＷｅｂサービスを通じて磨いてきた技術で、半導体もスマートフォンの進化の影響を受けています。個々の技術を通して自動車業界とＩＴ業界が徐々につながりつつあります。

そういった機械系の部品点数が減少し、電気制御・ＩＴに関する技術が増えていく中で、メカ系職種から制御系・ＩＴ系職種に転換を図っていく動きが出てきています。

あらゆる製品領域で製造業技術とＩＴ技術の両方を扱う企業が増えていて、製品知識を豊富に持ち、製造業技術を理解している技術者にＩＴ技術を習得させることで、デジタル活用を加速させようとする動きが見られます。

職種転換によって組織の戦力を増強できるのであれば、ＩＴ業界からＩＴエンジニアを採用しなくてもいいと考える企業もいます。慢性的に人手が不足しているＩＴ業界から、数少ないＩＴエンジニアを採用することは、基本的に難しいからです。

実際、近年ではＩＴエンジニアの有効求人倍率は15倍にも上っており、単純計算で1人のエンジニアを15社が奪い合う構図、つまり15社中14社は採用できない状況にあります。おのずと報酬が引き上がるので、社内の給与水準に見合わない金額で内定オファーを出さざるを得ないケースが増えています。そうしてようやく採用できたとしても、企業風土や文化がフィットしないなどの問題が生じることも珍しくありません。

それであれば、社内の人材に職種転換してもらうほうが企業風土や文化のフィット感に悩む必要がなく、業界知識や業務知識製品知識についても熟知している分、むしろ中途採用よりもメリットが大きいと感じる企業の考えも理解できます。


**このようにビジネスモデルや技術によって、産業間の垣根が融けはじめている現状において、はたらく人々に求められるスキルが変わってきています。**

求められるスキルが明確に変わってきた分野から順に、リスキリングの有効性を模索する試みが進んでいます。

## 成長産業に転職すれば年収が上がる?!

次に、日本の政策の面からもリスキリングの現状を見ていきましょう。

2022年10月28日、閣議決定された「物価高克服・経済再生実現のための総合経済対策」にリスキリングが含まれました。私なりに、次のように整理しました。

「世界的にインフレが進んでいる。インフレ率の低い日本においては相対的に物価高に陥る中、これは克服すべきである。同時に経済再生実現を考えたとき、成長産業への労働移動が欠かせない。そのために必要なスキルを身につける必要がある。労働移動とスキルアップは賃上げを伴い、物価高克服につなげたい。そのスキルアップの取り組みをリスキリングと名づけ、5年で1兆円の投資をしたい」

労働移動と賃上げは非常に興味深いテーマです。労働移動＝転職と考えると、転職すれば給与が上がる、という話です。

厚生労働省の調査（令和3年雇用動向調査結果）によると、2022年に転職した人の年収は、上がった人が34・6％、下がった人が35・2％、変わらない人が29・0％。年齢別に見ると、20～24歳では上がった人が47・1％と多く、60～64歳では13・1％と少なくなっています。

全体では年収アップと年収ダウンの割合に大きな差はないようです。

政策で描かれたシナリオでは、成長産業に労働移動すれば賃上げが起きる、ということなので、転職先を成長産業に絞ったときに年収が上がることが重要です。

成長産業の定義が難しいので統計的なデータは分かりませんが、体感的には確かに上がりそうだと感じます。採用の現場では、成長している産業や企業ほど積極的に採用をする傾向があり、同時に似たような経歴の人を求める傾向があるため、内定・オファーを提示するときに金額勝負になることがよくあります。

あるとき、スタートアップの経営陣（人事責任者）の方からご連絡をいただきました。データサイエンティストの給与相場について教えてくれないか、というご相談でした。

その方は困った様子でこうおっしゃいました。

「データサイエンティストの採用を考えており、良い人が見つかったから、思い切ってオファー金額として年収1000万円を提示した。ところが同じ人を採用しようとしている競合A社はオファー金額1200万円を提示してきた。どうしても採用したいからカウンターオファーで金額を上げようと考えているが、一方で基準がないと際限がなくなるから、相場が知りたい」

賃金上昇圧力がオークションのような理屈で発生していることを垣間見たエピソードでした。

私自身も事業を運営する中で、同じような場面に遭遇します。採用したい人材が他社と奪い合いになってしまうケースです。

採用したい人材の現在の年収、希望の年収の情報が手元にある状態で選考を進めていくわけですが、採用の競合が出てくると、ここに競合が提示する年収という変数が加わります。採用したい人材の希望の年収情報を元にオファー金額を決めればいいのか、競合が提示した年収情報を元にオファー金額を決めればいいのか……と年収上昇圧力がかかりはじめます。

一方で、自社の人事制度と給与水準がありますので、これくらいのはたらきを期待するとこれくらいの職務等級になって、そうすると金額はこの範囲で提示する必要がある、という考え方をします。

たとえば、期待するはたらきは2等級だから給与は600万円程度と考えていたところ、競合が700万円の提示をしたとします。どうしても採用したいと思ったとき、3等級に上げて700万円の提示をするか、このままの提示で頑張るか判断を迫られます。

ここで既存社員の顔が浮かびます。3等級では不公平感が生まれてしまわないか。3等級のオファーで3等級の要求をして、採用したい人材は健やかにはたらけるのだろうか。2等級で無理せずにオファーして早々に昇給してもらえるよう導いていくほうがいいのではないか。

また、そこでやってはいけないのは、3等級のオファーを出しておきながら要求は2等級の扱いをすることです。

給与額は社員同士非開示だからと公平性を失う判断をしてしまうと、社員からの信頼を失い、組織は瓦解します。そのため、多くの企業が給与水準の全体あるいは一部職種について、見直す機会を経験することになるでしょう。

このように採用の現場を切り取ってみると、労働移動による賃上げは、成長産業では人を積極的に採用し、人の奪い合いによって起きる賃上げ上昇圧力を通じて、市場相場との整合性をとる形で組織が健全に賃上げする流れが起きる、ということなのかもしれません。

## 海外では「スキル」によって報酬が決まる

ではここで海外の動向を見てみましょう。

日本と海外の雇用慣習の違いに、ジョブ型雇用とメンバーシップ型雇用があります。

日本はメンバーシップ型雇用といわれていますが、ジョブ型雇用とはどういうものか、私なりにジョブ型雇用を理解したエピソードを2つご紹介したいと思います。

ひとつめは、外資系企業で勤める方から伺った話です。社内異動の際に、仕事内容、求める成果、報酬などを説明され、「この仕事をできますか？」とオファーされたそうです。そのときに提示された報酬額が、今の給与の1・5倍近い金額だったとのこと。

仕事が最初に用意されていて、その仕事を担当する人を後から探しているのでしょう。仕事が最初に決まっているから、誰がやろうとも仕事内容や求める成果、報酬は変わらない。つまり、報酬金額は人に紐づいているのではなく、仕事に紐づいている。**同じ人でも、仕事が変われば、報酬は大きく増減する可能性がある。それがジョブ型雇用というわけです。**

もうひとつはシリコンバレーの求人票作成方法の話です。これは海外のスタートアップとディスカッションしていたときに伺った話ですが、シリコンバレーでは、人材を募集するときに作成する求人票は使いまわしが多いというのです。

求人票には仕事内容や勤務地、給与などが記載されているので、同じ内容で問題は起きないのか？　会社によって給与水準は異なり、同じ職種でも仕事内容は会社によって変わってくるので、求人票を使いまわせば、どこかで不整合が起きてしまうのではないか？と不思議に思いました。しかしそんなことはなく、むしろ同じ求人票を使いまわすことによってミスマッチが減る効果があるというのです。

Webサービスにおけるデザイナーを例にとりましょう。この仕事には、色彩や形状といった要素のデザインスキルだけでなく、ユーザーの使い勝手を考えた画面構成（ユーザーインターフェース＝UI）やユーザーの使い勝手を含むサービスの利用体験全般（ユーザーエクスペリエンス＝UX）に関する企画力や実装力が求められます。これを各社が異なる言葉で説明するよりも、**「職種名（UI／UXデザイナー）＋ジョブディスクリプション（職務内容）」というように、共通言語で表現するほうが合理的だ**というわけです。

これによって、個人は分かりやすくキャリアを形成できるそうです。たとえば、ある会社でジュニアレベルのUI／UXデザイナーとして評価された人が、別の会社のシニアレベルのUI／UXデザイナーにチャレンジするとき、ジョブディスクリプションが明確であることで、自分が通用するか自己判断しやすいというわけです。

また、マーケティングのスキルを身につけてマーケターに転身しようとするときも、明確なジョブディスクリプションのおかげでスキルアップの目標を明確に立てやすいといいます。

このようにジョブディスクリプションと報酬に基づく雇用は、スキルアップによって収入を増やすインセンティブがはたらきやすくなるといわれています。

実際にジョブスキルに基づいてトレーニングを行い、キャリア形成を促すシステムを構築運用している国があります。シンガポールです。

シンガポールの人材開発省は、雇用環境や労働環境の整備、労働人材育成など労働関係全般を所管する省庁です。シンガポールの長期的な経済競争力を維持するため、人材プールの拡充、外国人短期労働者の入国・滞在・出国管理、進歩的で意欲をかきたてる人材管理手法の促進などを行っています。

また同国では、政府が国民のキャリア形成を支援する施策として、2005年からSkillsFutureという制度が導入されています。なかでも話題なのは「SkillsFutureクレジット」という仕組みで、25歳以上のシンガポール国民および永住権保持者であれば誰でも500シンガポールドルがSkillsFutureクレジットとして支給され、それを使ってジョブスキルに基づいたトレーニングプログラムを受講することができます。2020年には同額のSkillsFutureクレジットが追加支給されました。

## ジョブ型雇用と「スキルのものさし」

私はこれら海外のジョブ型雇用に興味を持ち、ジョブスキル定義の研究プロジェクトを立ち上げました。調査をしてみると、米国にはO*NETなどいくつかのジョブスキル定義が存在しており、シンガポールには人材開発省という省庁が存在しスキル開発を行っていることが分かりました。

さらに調べていくとジョブスキル定義に関する膨大なデータベースを米国のＩＴ企業が持っていることが分かりました。彼らと交渉し、ジョブスキル定義データベースを購入することができました。それは１００人以上の産業・職業の学者が30年以上にわたって調査・分類してきたジョブスキルライブラリーで、ジョブ数は３０００種以上、スキル数は１００００種以上ありました。

データの構造は大まかにいえば、ジョブ一つひとつにいくつかの情報が紐づいているものでした。ランク情報（社長から平社員までのランク）とジョブカテゴリ情報（職種の区分）とジョブディスクリプション（職務内容）と求められる成果水準（行動基準など）、求められるスキル（特に必要とされるスキルを40程度ピックアップされている）などが設定されています。これによってＡジョブからＢジョブへ移行するには必要とされるスキル〇〇を身につける必要がある、と示すことができます。

一方で、膨大で複雑なデータによって網羅性と正確性を備えているようなこのデータベースですら、実際に人のスキルを測るという行為をメンバーシップ型の日本でそのまま適用しようとすると、混乱をきたすことも分かりました。評価された側の納得感が得られないばかりか、普段からその人を評価している上長の納得感も得られなかったのです。同じ部署の同じ職種でも、人によって担当する仕事の範囲や内容・レベルが異なる中で、定義されたジョブにはめようとしても無理が生じてしまうのです。

このスキルのものさしは、人に直接当てるのではなく、求められるスキルを身につけるためのガイドマップとして活用するほうが、現時点では現実的な使い方のように思います。

ここまで述べてきた日本の政策と海外の動向について整理しましょう。

日本では、需要の高い仕事に対応するためにスキルアップすることについて、国もその必要性を訴えています。

ＩＴ・デジタル領域×海外の動向からジョブやスキルの扱い方を見てみると、実際に需要の高い職種に就くためにスキルを習得する行為が行われていました。またスキルのものさしも存在しています。

　メンバーシップ型の日本では、職種が同じでも人によってジョブの内容が異なり、ジョブ型の発想でつくられたスキルのものさしをそのまま正しいものとして扱うことは難しいといえます。そうしたメンバーシップ型の現状において、どのようにリスキリングが行われていくとうまくいくのでしょうか。

　私たちはジョブスキル定義の研究プロジェクトを通じて、大きなヒントが得られたように思います。それは、メンバーシップ型の日本企業では、上司が部下のスキルを把握していて、人によって任せる仕事を選んでいるということです。ジョブよりもさらに細かい単位での適材適所が行われており、組織のパフォーマンスが最適化されていると考えられます。

　ビジネスモデルや技術の変化の中で、はたらく人々に求められるスキルが変わってきています。人のスキルを把握し、任せる仕事を決め、組織のパフォーマンスを最適化している現場のマネジメントが、リスキリングのリーダーシップを発揮していく――それこそが日本にフィットしたやり方なのではないでしょうか。

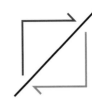

# 個人のキャリアにおけるリスキリングの意味

ここまで、マクロな視点でリスキリングの必要性について考えてきました。

ここからは私の経験も踏まえて、個人のキャリアの観点からも「スキル」を身につけることやリスキリングの重要性について考えていきます。

## スキルにより拓かれるキャリア

私は大学の工学部を出た後、現パーソルグループで転職支援サービスに長らく従事していました。

転職支援サービスとは、転職をしたい個人の方と採用をしたい企業をマッチングするビジネスです。業界ごと・職種ごとにキャリアやスキルの常識が大きく異なることもあり、業界・職種ごとに担当が分かれていることが一般的です。

私が長く担当していたのは、技術系の転職支援です。技術系とひとくちに言っても領域は広く、機械系、電気制御系、化学系、建設・建築系、ＩＴ系など多岐にわたります。機械系の中にも、機械設計や生産技術、機械メンテナンスなどさまざまな職種が存在します。

機械設計技術者をマッチングする際に重要なのは、どのような機械を設計していたのか、ということです。たとえば、テレビの工場見学シーンによく出てくる食品製造装置のように高速で動き続け、たくさんの食品を早く作ることに特化したメカを設計している技術者と、文具としての電動鉛筆削りを設計している技術者では、持っている技術が異なります。

前者は食品工場で使われる製造装置で、食品工場の要求に従ったモノづくりをする必要があるため、設計者は顧客と直接コミュニケーションを図りながら、流動的で柔軟な設計を行うことが求められます。一方で後者は、どのような鉛筆削りが売れるのかを自社で考え、大量生産するタイプのモノづくりとなるため、計画的で厳密な設計が求められます。

また、食品製造装置の場合は、動くスピードを調整することが課題のひとつになります。何秒間に何個生産するのかという目標が定められているので、そのスペックを満たすために機械的なアプローチや制御的なアプローチを駆使して設計を詰めていきます。ここのメカをこうすれば生産スピードがこれだけ上がる、という経験とノウハウが、機械設計者としての実力を決めるそうです。

電動鉛筆削りの場合は、生産を考えた設計が課題になるようです。たとえば、デザイン面で優れた製品にしようとプラスチック部分の形状を工夫すると、プラスチックのパーツを製造する際に不良品が出やすくなるデメリットが生まれてしまいます。金型と呼ばれる型（クッキーの型のようなもの）の形状が複雑だと、型内部の隅々までプラスチックが行きわたらない、あるいは流し込む途中でプラスチックの一部が冷めてしまって波状の模様が浮き出てしまうなどの問題が起きます。これらの問題を試作する前に予測し、問題を解決できる設計者が優れた設計者と呼ばれるそうです。

転職支援サービスとは、このように技術者が持つスキルを丁寧に確認し、そのスキルを求めている企業に提案していく仕事です。

たくさんの技術者の転職をご一緒してきましたが、その中でも特に記憶に残っているご支援があります。先ほど出てきた電動鉛筆削りの設計者の転職の話です。

## 電動鉛筆削りの設計者から航空関連の技術者へ

30代男性だったその設計者は、大学で航空工学を学んでいました。航空関係の技術者になることを夢見ていましたが、新卒の就職活動では、その想いは叶いませんでした。彼はご縁のあった電動鉛筆削りを製造するメーカーに機械設計者として就職しました。

元来まじめで優秀だったこともあり、みるみるうちに仕事を任されるようになり、製品開発のリーダーとして周囲を引っ張っていきました。

30歳を過ぎたある日、部屋の片づけをしていると大学の卒業論文を見つけます。卒業論文には航空工学における燃焼技術に関する研究とその成果が記されています。論文を読み返しながら当時の研究の苦労や喜びを思い出しました。それと同時に航空関係の技術者になりたい気持ちも思い起こされました。

転職支援サービスに登録した彼を担当したのが私でした。私は彼との面談で、転職を希望する背景について、ひととおり聞きました。彼の謙虚で一本気な性格を感じながら、また現職で評価され期待されている様子も想像する中で、航空関連の技術者に再チャレンジすることを応援したいと思いました。

このチャレンジには大きな問題がありました。航空関係の技術者は募集が少ないうえに人気があるため競争倍率が常に高く、それに加えて、電動鉛筆削りと航空関連製品とでは大きくスキルがずれてしまうことです。

競争倍率が高いのはどうしようもないので、このチャレンジを成功させるには、電動鉛筆削りの経験が航空関連製品の開発に活かせることを示すことです。

私は航空関連製品の開発にはどのようなスキルが求められるのか、どのようなプロセス・体制で行われ、技術的にはどのような要素が求められるのかを調べました。彼は自分の経験を入念に棚卸し、どのような困難に直面しどう乗り越えてきたのか、技術的な知識はどの範囲どの程度の深さで持っているのかを言語化しました。私たちは情報を持ち寄り、電動鉛筆削りの経験が航空関連製品の開発に活かせるのか、という問いについて考え続けました。

二人で出した結論は「プロジェクトマネジメントスキル」でした。

航空関連製品の開発には多くの部品が必要となるため、開発に関与する人数が多くなります。少なくとも数十人、多いときには数百人が関与するそうです。そうなると、製品開発の目的を達成するためにプロジェクトを取りまとめて成功させる力が求められます。達成可能な計画を立てる力、納期を順守できる進捗管理、ときにハードなネゴシエーションをも厭わない対人影響力など複合的な力が求められます。

彼の経験を棚卸した結果、電動鉛筆削りの開発でこれらの力を高いレベルで養ってきたことが分かりました。電動鉛筆削りは既にコモディティ化している製品ということもあり、コスト競争が激しく納期もタイトでした。設計は協力会社の力を借りて図面作成を進め、生産は海外の工場に上手に生産してもらえるよう調整と交渉を重ねていました。また、製品の品質とコストと納期を成立させるために、設計のことだけでなく生産技術に詳しくなって工場と技術的にも実現可能性をともに探る姿勢を持つなど、プロジェクトを成功させるために手を尽くしてきたそうです。

この経験と大学の研究による知識を組み合わせることで、航空関連製品の開発者として活躍できるはずだ、とアピールしました。

結果、見事内定を獲得し、彼は航空関連の技術者になる夢をかなえることになりました。転職が完了し、新しい会社ではたらき始めた彼から、ロケットの写真が印刷された年賀状が届きました。彼の喜びが心から伝わったとても嬉しい瞬間でした。

このようにこれまでのキャリアで培ったスキルを今一度見直しその価値を社会に伝えることで、自分が望むキャリアへの道を切り拓くことが可能になります。

このキャリアチェンジが成功したポイントは、自分のスキルの棚卸をして、相手企業の求めるスキルとマッチングすることができたことです。自分のスキルの棚卸が難しい一番の理由は、自分のスキルを客観視することが難しいからだと思います。

仕事におけるスキルは、環境によって定義されている側面が大きいといえます。つまり、業界の慣習や会社のカルチャー、職種の中の常識といった、仕事を認識するうえで前提となっている情報がたくさんあって、それら一つひとつがスキルを定義していくわけです。

たとえば、業界慣習としてクライアントが強くて厳しい要望に食らいつくことが当たり前とされている場合は、そうでない業界と比べてクライアントとの関係構築のやり方に独特なスキルが求められるかもしれません。また、会社のカルチャーとして、上司の指示に従うより自分自身の意志で考え行動できる人が評価される環境で育った人には、自ら意思決定するためのスキルが備わっているかもしれません。

そのように、仕事をする環境によって備わったスキルは、その環境の中にいると当たり前のようになって、自分で客観的に認識するのはなかなか難しいものです。もし認識できたとしても、周囲の人々（たとえば先輩など）と比べて自分が勝っているとは言い難いなどの理由から、スキルとしてアピールできないかもしれません。

しかし、社会一般的な基準に照らしてみれば、これらの関係構築力や意思決定力は卓越したレベルにあり、優位なスキルと評価される可能性があります。

先ほどのエピソードの彼も、プロジェクトマネジメントスキルを最初から認識できていたわけではありませんでした。電動鉛筆削りの限られたコストで協力会社や海外の工場と開発を進める環境は、人命を預かるゆえに品質が重視される航空関連製品のような分野の業務とは真逆で、ともすれば品質よりもコストを重視する開発姿勢は開発者として恥ずかしいと感じる部分すらあったようです。

「要求されるものが品質であれコストであれ、複数の他者と要求の水準を達成させるためのスキルを獲得するには並々ならぬ努力が必要であり、簡単に真似できるものではない。ゆえに貴重なスキルとして評価される」ということを最初から客観視して、正しく認識することはかなり難しかったのではないでしょうか。

**スキルによって拓かれるキャリアがある一方で、そのスキルを客観的に認識することは難しい。**それが、与えられた職務に一生懸命に取り組む中でおのずと培われるものであって、努力の後にスキルがついてくる感覚（転職支援の経験から、多くの方がこの感覚を共通認識として持っておられるように感じている）につながっているように感じます。

## 培ったスキルが必要とされなくなることがある

しかし、外的要因によって、そうしたスキルに対する感覚が大きく狂ってしまうことも起こります。引き続き、私が転職支援サービスに携わっていた頃のエピソードをお話しします。

２００８年、リーマンショックにより雇用環境は急激に変化しました。当時私は、関西で製造業・建設業の技術者の転職支援をしていました。アメリカでの異変が報道され始めると同時に、担当している転職希望者様たちの選考結果が軒並みＮＧとなっていったのです。

企業側の採用ニーズを確認すると、採用活動の継続を見直す、求人の募集を停止する、という声が多く、お預かりしていた求人数は激減してしまいました。そうした状況を踏まえ、私が担当している中でも、どうしても転職しなければならないわけではない方々には、転職活動を終了し現職に残る選択肢を提案しました。

そうこうしているうちに、今度は多くの会社で希望退職者を募るニュースが流れます。それと同時に、希望退職の対象となった方々が転職先を求めて転職支援サービスに登録しました。ここからが私にとっての正念場でした。

企業側の採用ニーズが冷え込んでいる中、転職する必要がある方とともに転職先を探す活動は、わずかな希望と多くの失意の中での活動となります。転職希望者の中には、家のローンを抱え、大学生のお子さんもいらっしゃるなど、早々に仕事を見つけないといけない、切迫した状態にある方も少なくありませんでした。

年収の水準や勤務地の近さなど、いろいろな希望条件で求人を探します。マッチする求人を見つけてはわずかな希望を抱き、書類選考でＮＧになっては失意に沈む……。一人の転職希望者につき応募数は１００件程度にものぼっていた時期もあり、来る日も来る日も求人を見つけては応募し、お見送りの連絡を企業から受け取っては転職希望者にお伝えすることの繰り返しでした。自分の無力さを痛感しました。

１年ほどで、景気の回復とともにこの厳しい状況も落ち着き始めました。

この期間を経て、多くの転職希望者と共に苦悩した中で思うことがありました。多くの転職希望者は与えられた職務を一生懸命に取り組む中でスキルを培ってきていました。素晴らしいスキルを持った方々にたくさん出会いました。しかし、それらのスキルの多くが評価されませんでした。

厳密にいえば、評価されるスキルと評価されないスキルが明確に線引きされていました。必要とされるスキルと必要とされていないスキルに分けられ、必要とされていないスキルに対してはどれだけ良質な努力を続けてきて質の高いスキルを持ち合わせていたとしても評価はしてもらえない。

ここに、スキルによって閉ざされるキャリアがあるという厳しい現実を突きつけられたわけです。

この事象を3つの視点で考えました。

第一に、**本人の認識において、採用時と退職時にギャップがある**ということです。ギャップとは、採用されるときには会社と自分の未来はともにあるのだと感じるものの、退職のときには、会社と自分の未来は当然ながらともにあるはずもなく、自分の未来は自分で考えて決断していかなければならなくなるということです。

このギャップに戸惑い、しばらく自分の未来のことを考えられない状態にあった人が少なくありませんでした。現実的にはそうやって職に就けない状態になってしまえば、生活に困窮し、それこそ自己責任で何とかしなければならなくなってしまいます。ただ、会社の未来を考えて一心に努力してきた人は、自分の未来を考えていなかったのは自己責任だと責められるべきなのでしょうか。私にはこの点に割り切れないものが残りました。

第二に、**習得したスキルは必ずしも自己選択したわけではない**ということです。理系文系で分けてしまえば、理系職種は学校の専攻によって自己選択した割合が高いとは思いますが、ざっくりと考えれば新卒時の配属先の部署や職種は自分で決められるケースは少ないという傾向があります。キャリアのスタートを自己選択できるわけではないので、そこで培われるスキルに対しても自己選択できるわけではありません。自己選択しなかったスキルが評価されなくなってしまうことについて、第一のように最終的には自己責任だという結論になります。この点をどのように考えればよいのでしょうか。

第三に、**自己のスキルに責任が持てるのは、はたらく過程にある**ということです。前記の2つの視点を踏まえると、この視点が重要になると思いました。新卒一括採用自体がなくなるとか、ベーシックインカム制度が敷かれるなどの大きな変化がない場合に限った話にはなりますが、就職してスキルを身につけてキャリアを形成していく過程において、社会とのかかわりあいの中では、すべてを自分で決められるわけではありません。その中で発生する自己責任にも向き合わなければなりません。その中でも自分でコントロールできるのはたらく過程にある。それは、私が首都圏ＩＴ業界の担当となり、転職支援を続ける中で特に強く感じるようになりました。

## 自己研鑽が評価されるＩＴ転職

その後、私は首都圏ＩＴ業界の担当となりました。ＩＴエンジニアの転職支援を行うチームのマネジャーとしてＩＴエンジニア個々人のキャリアについて取り組んだのち、エンジニアを採用したいＩＴ業界の法人顧客を担当する営業部の部長として、ＩＴ人材の採用について取り組みました。

当時のＩＴエンジニアの職種区分けとしては、ＩＴコンサルタント、Ｗｅｂサービス開発エンジニア、業務システム開発エンジニアに大別され、中でもプログラミングなどを扱うアプリケーションエンジニアや、ネットワークやサーバーを扱うインフラエンジニア、ＵＩ／ＵＸやデザインを扱うクリエイターなどの専門スキル領域に分けて、職種やスキルに応じた支援ができるよう日々サービスに勤しんでいました。

また、求人企業の属性は、システムインテグレータや、コンサルティングファーム、Ｗｅｂサービス提供企業、非ＩＴ系企業の情報システム部門などに分かれます。ＩＴ業界の転職・採用の特徴は、慢性的な人手不足により限られたエンジニアを多くの企業が奪い合う構造にあります。

したがって、エンジニア個人の転職支援をする際には、培ってきたスキルを詳細に把握し、少しでも希望条件に合う企業をご紹介することが求められます。

他方、エンジニアを採用する企業の採用支援をする際には、採用対象者の条件を広げつつ、的確な提案が求められます。たとえば、会計関連の業務システムをLinux環境でJava言語を用いて運用したプロジェクトリーダー経験のある方を求めているとしたときに、その経験をすべて持った方を採用しようとすると採用できないリスクが高いため、募集条件を緩和することを提案する、といった具合です。

こうした活動において常に念頭に置いておくべきは「目的」です。採用・転職自体は目的ではありません。採用した方が活躍されてキャリアが築かれたり、事業が成長したりすることが目的なのです。

募集条件を緩和するということは、単に間口を広げて採用しやすくするということではなく、経験的に活躍するかどうか分からないなど、不確実性が高い状況でも活躍できる可能性が高い人材とマッチングする、すなわち難しい方向に話を持っていくことになります。

ここに「自己研鑽」と呼ばれる、職務上の経験ではなくとも学習履歴を採用基準として扱うマッチングロジックが生まれます。

こうした活動を通じて、私はキャリアが拓かれた数多くの事例と出会ってきました。

自己研鑽が高く評価され、キャリアが拓かれた20代の男性の事例です。

地元の普通科高校を卒業した後ＩＴ系の専門学校に進学しました。専門学校を卒業した後、プログラマーとして小規模なソフトハウス（プログラミング業務を受託する企業）に就職しました。担当されていた業務内容の中に難しい技術を扱う経験がないことや、ハードなネゴシエーションを扱う経験がないなど、高く評価される要素が見受けられませんでした。それでも技術力の高さで有名なＷｅｂサービス開発会社に転職することができました。

その理由は彼の趣味にありました。彼は学生のころからゲームが好きで、ゲーム好きが高じてハイスペックＰＣを買い、ゲームの中身が気になりプログラミングを触り始め、ついには自作ゲームを作るまでになりました。それからというもの、新しい技術を見つけては触ってみる、自作ゲームに取り入れてみるということを続けていました。

企業は自己研鑽し続ける彼の姿勢を高く評価しました。技術力そのものは企業が求めている水準にまったく達していませんでしたが、新しい技術を取り入れて、進化し続けなければいけない同社は、彼の好奇心や探求心に可能性を感じたようでした。

このようにＩＴ業界のエンジニア採用においては、実務経験上の採用基準から外れていたとしても自己研鑽によって採用に至ったケースは枚挙にいとまがありません。

自己研鑽という学習履歴が採用基準として扱われるのはなぜなのでしょうか？　さまざまな理由が考えられますが、ここでは「技術・知識そのものが新しいから」「ＩＴが持つ精神性」という理由を取り上げて考えてみたいと思います。

前述の製造業分野と比較して、ＩＴ分野は産業としては新しく、その技術・知識についても進歩が早いことで知られています。そうすると労働市場に実務経験者の数が十分に蓄積されていないことになり、それら人材を育成するノウハウや仕組みが十分に整っていないといえるでしょう。そうした中で、経験者の採用に苦戦をする企業や教育機関等で教育された人材を探すことに苦戦をする企業にとっては、自己研鑽によって自ら学ぶ姿勢を持ち、新しい分野の技術・知識を身につけた人材が魅力的に映るということなのだと思います。

また、ＩＴが持つ精神性も、自己研鑽を支持する理由に数えられるように感じています。海外の巨大ＩＴ企業も最初は自宅のガレージをオフィスにして始まったという話をよく聞きますし、その創業者たちの中には大学を中退している方も少なくないと聞きます。これらの話から、大学や会社で機会を与えられて学ぶよりも、自らの意志で学ぶことの方がリスペクトされているような精神性が感じられます。

このような理由から、ＩＴ業界では自己研鑽している人材を社会的に評価する必然性や価値観があるように思われます。

日本のＩＴ業界は紆余曲折がありながらも、年々その存在感が増しています。ＩＴ業界の存在感が増せば増すほど、ＩＴ業界が持つ価値観や精神性も広まっていきます。

同時に、デジタルの活用があらゆる産業で重要視される現代において、新たな技術・知識の需要も高まっています。**自らの技術や知識を磨く姿勢が評価される社会になっていき、またその技術や知識を企業が求めている状況の中で、新しい分野にチャレンジすることはキャリアの発展や安全にもつながるという共通認識が生まれつつある**ように感じます。

私は生き馬の目を抜くＩＴ業界を担当する中で、リーマンショックによって感じた不条理に対する対処法、飲み込み方を学ぶことができたように思います。

# 「日本人は勤勉」は間違い？　リスキリングの課題①個人編

ここまで、リスキリングが必要とされる社会的背景から考え、個人的なキャリアにとっても時代に合わせたスキル習得の重要性を考えてきました。

こういった状況で、現状、リスキリングがうまくいかないという課題も多く耳にします。なぜ、リスキリングはうまくいかないのでしょうか。

マクロな視点と、実際に実行する組織の視点で考えていきます。

## なぜ、日本人は学ばないのか？

図1－1をご覧ください。これはパーソル総合研究所が2019年に調査した「APAC（アジア太平洋地域）職業実態・成長意識調査」における勤務先以外での学習や自己啓発活動についての結果です。驚くべき結果なのですが、業務以外に自主的な学びを

行っている人の割合が、日本はアジアオセアニア地域でワースト1位です。ワースト2位のニュージーランドと比べても日本は大差で学んでいないようです。

私が抱くステレオタイプな日本人像は「勤勉」でした。とりわけ近代史における目覚ましい産業の発展、科学技術の進歩、戦後の復興とともに経済大国にまで登りつめたストーリーには、日本人の勤勉性や忍耐力が少なからず寄与しているという理由が添えられていたように思います。歴史において、誇張された賛美や解釈があることを差し引いたとしても、最下位とはちょっと釈然としません。

羊の数が人の数より5倍も多いといわれるニュージーランドには、牧歌的なイメージを勝手に抱いていましたが、それと比較しても、日本人はぶっちぎりで学んでいないとはどういうことでしょうか。

調査結果に釈然としないままに、納得できそうな理由を探してみます。調査内容を詳しく見ていくと、「社外の自己研鑽」の設問内容と回答選択肢は、次のとおりでした。

## 図1-1 勤務先以外での学習・自己啓発活動の数

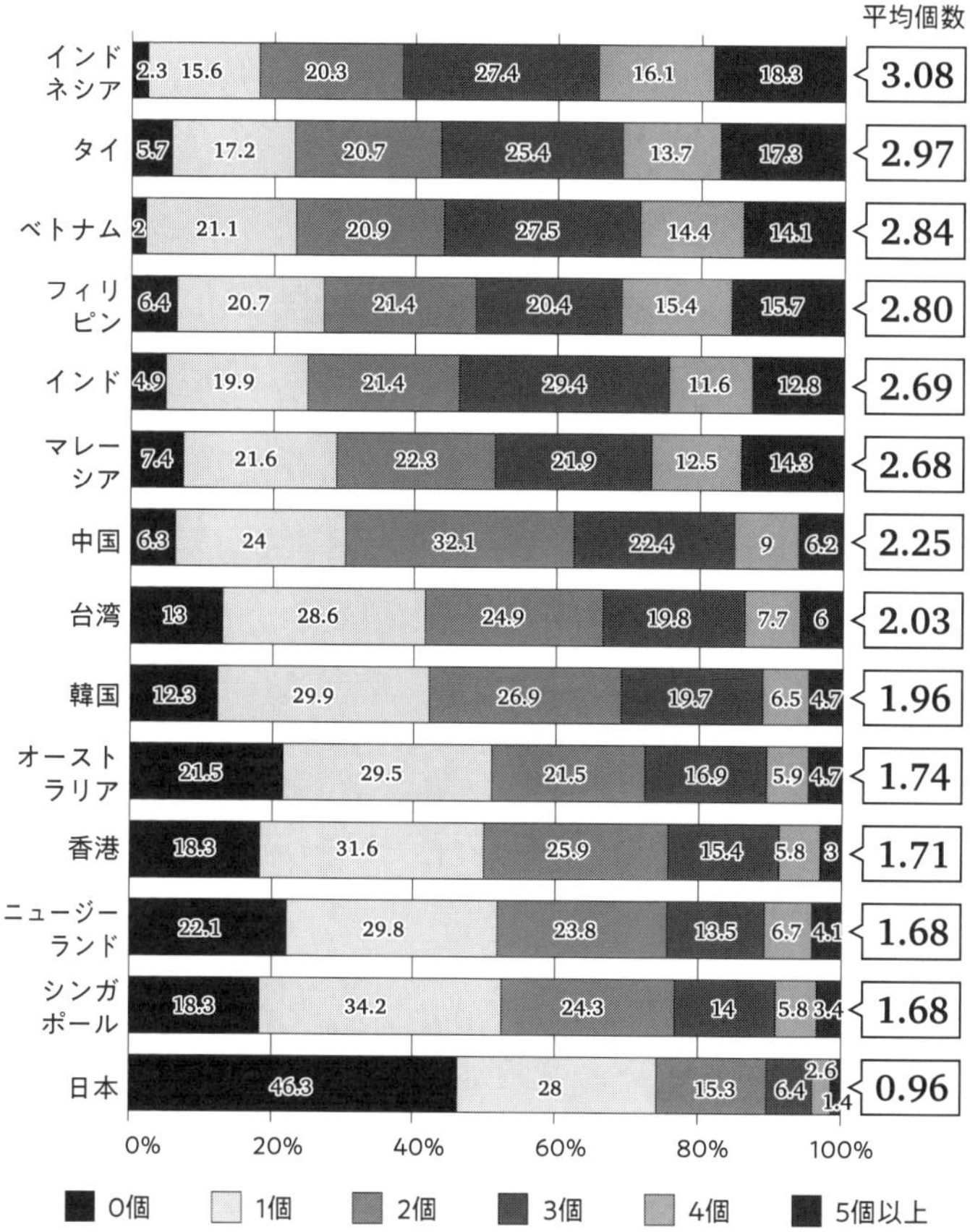


出所：パーソル総合研究所「APAC就業実態・成長意識調査（2019年）」 5.社外の学習・自己啓発
Q.あなたが自分の成長を目的として行っている勤務先以外での学習や自己啓発活動についてお知らせください。（複数回答／選択肢11項目）
https://rc.persol-group.co.jp/thinktank/assets/APAC_2019.pdf

## Q あなたが自分の成長を目的として行っている勤務先以外での学習や自己啓発活動についてお知らせください。（複数回答／選択肢11項目）

「読書」「研修・セミナー、勉強会等への参加」「資格取得のための学習」「語学学習」「通信教育、eラーニング」「副業・兼業」「NPOやボランティア等の社会活動への参加」「大学・大学院・専門学校」「勉強会等の主催・運営」「その他」「とくに何も行っていない」

大学院や資格の取得など大変そうな選択肢もありますが、読書やセミナー、eラーニングなど比較的手軽に日常的に取り組みやすい選択肢もあります。日本人が学ばないはずがないと目を凝らしてみますが、弁解の余地は見つかりません。

日本人ははたらきすぎともいわれているから、きっと労働時間が長すぎて学ぶ時間がないのではないかとも考えました。同じ調査レポート内にちょうどよい項目がありました。「週あたりの労働時間」。ここに日本人の長時間労働の証拠があるだろうと調査結果を確認します。

最もはたらく時間が長い国はベトナム47・2時間、最もはたらく時間が短い国は日本39・0時間。ここでも印象と異なる結果が出ます。自分が抱くステレオタイプな日本人像は既に現実と異なっていることを認めざるを得ないのかもしれません。

そして、気になるニュージーランドもチェックしてみます。週あたりの労働時間は39・9時間で、日本、オーストラリアに次いで3番目に労働時間が短い国でした。羊の数が人の数より5倍多いといわれ、老後に悠々自適で暮らしたい国、ニュージーランドは日本よりも長い時間はたらいていました。

## 個人の努力ではなく「評価」の問題

次に、はたらくうえで学びがどう評価されるのか、という観点で考えてみます。

極端に表現してしまいますが、社会人が会社に評価されるときの評価基準は次のようなものです。

**新卒一括採用では学歴を評価し、入社後は実務を評価し、転職市場では学歴&実務経験を評価する。**

第一に、新卒一括採用で評価されるのは学歴です。最近は優秀なデータサイエンティストなら新卒でも年収1000万円をオファーする例が見られるようになり、人と企業の一期一会を十把一絡げに語るべきではありませんが、ここでは新卒一括採用というモデルと捉えて扱います。

企業は、実務経験はないがポテンシャルのある人材を定期的に採用することで、組織の年齢構成上のバランスを図り、技術やノウハウの伝達を安定的に行うことで、持続的な事業活動を支えます。ポテンシャルの高さを見極めることが重要であるために、SPI試験や面接などを通じて選考を行いつつ、学歴も十分に参考にします。学歴という競争の結果がポテンシャルを見極めるフィルターとして一役買っていると考えられているためです。

第二に、入社後は実務を評価します。こちらも企業が社員に求めるものによって評価制度は異なりますし、ひと括りにすべきではありませんが、あくまでもモデルとして評価の仕組みを扱います。多くの会社では半期や通期に一度、個人に対して評価を行う形を採っています。評価基準は会社ごとに異なりますが、基本的には実務内容に対して評価します。学習履歴や取得した資格によって評価しようとする傾向もあります。

これは、多くの会社でよくある評価面談の一幕です。

**部下**「期初の目標設定で資格取得を掲げていましたが、忙しくて取得できませんでした。実務の目標に対しては１００％以上の成果を出すことができました」

**上司**「資格取得の目標を達成できなかったことは残念だが、実務の目標に対して100%以上の成果を上げてくれたことでうちの部も助けられた。良い評価をしたい」

私も評価者として幾度もこのシーンに出くわしました。正直に言えば、部下が立てた目標設定に学習に関する目標が記載されていたら、これが達成できなかったとしてもマイナス評価するのは現実的でない、と思ってしまいます。

第三に、転職市場は学歴と実務で評価します。「IT業界では自己研鑽が採用時の加点評価になる」ことを前述しました。珍しいことのように扱いましたが、実際の転職市場では、学習履歴はあまり評価されないのです。

まずは、その職種を実務で何年経験したかを見ます。そのうえで、どのような実績を出したか、業態や企業規模などの業務の類似性が高いかなどを確認します。たとえば、営業職の採用においては、営業職を経験してきたことが大前提であり、そのうえで業態（たとえば製造業）、製品（たとえば電子デバイス）、商慣習（たとえば完成品メーカーから納期や価格に関して強い要求を受ける）、成果（たとえばスマホメーカーのような要求の厳しい顧客に対して納期遵守によって取引を拡大させた実績）などを評価します。加えて、学歴（たとえば有名私立大学）を確認します。これが採用時に確認するオーソドックスな要素になります。

この「経験者採用」と対比するように「未経験者採用」と呼ばれる採用パターンがあります。未経験者採用でのオーソドックスな採用基準は学歴と年齢の掛け合わせがベースになっています。その中で、ＩＴの自己研鑽が学歴と実務経験を打ち負かす例としては、有名私立大学卒で大手ＩＴ企業のＳＥとしての実務経験がある人よりも、自己研鑽の一環で技術コミュニティを運営し、有名なハッカソンでの受賞歴がある専門学校卒中小ＩＴ企業のプログラマーの人のほうを評価するようなケースです。

はたらくうえで学びがどう評価されるのかについて考えてきました。結論としては、**学ぶことは、はたらくうえでの評価には直接つながっていない**ようです。実務はしっかり評価されるのですから、実務で実績を出すために必要な学びは評価されるといえます。逆にそれ以外の学びは評価されにくいのです。仕事を覚えるための学びは積極的に行うという人も、仕事に直接影響しない学びは積極的に行わない、ということなのかもしれません。

これが先ほどの調査結果で見られた、「社外の自己研鑽」に対して消極的な理由と考えられます。こうして学ばないと日本人問題について考えを巡らせると、学ばないのは日本人の怠慢であり勤勉でないため、と言い切れないように思います。

**はたらくうえでの評価システム、つまり就職や人事評価、転職などの一連の評価イベントにおいて学びの価値が相対的に低いから、**と説明したほうがしっくりきます。

仮に企業が実務経験と同等に学びを評価して採用するようになれば、あるいは実務経験と同等に学びを昇進や昇給の評価対象とするようになればどうでしょうか。評価されるのなら、と実務外で実力を高める学びへの価値が高まって学びによってキャリアを形成しようとする人が増えるのかもしれません。

企業側も、ＩＴ業界のように新しい技術や知識が企業活動にとって重要な場合は、実務経験でも学習履歴でもよいから戦力になる人材を求めたいと考えるかもしれません。

また、新しく生まれる職については学習履歴が相対的に優位となる状況が生まれるかもしれません。企業が人材に求める要素が今後どのように変わっていくのかが鍵を握っていそうです。

# DXはなぜ進まないのか？
# リスキリングの課題②組織編

リスキリングを組織で実行していくことが求められているなかで、どのような課題があるのでしょうか。整理していきます。

## リスキリングの主導権を握るのが市場ニーズ

「はじめに」でもご紹介したリスキリングの定義を、あらためて確認してみましょう。

市場ニーズに適合するため、保有している専門性に、新しい取り組みにも順応できるスキルを意図的に獲得し、自身の専門性を太く、変化に対応できるようにする取り組みをリスキリング＝Re－Skillingという。

出典：https://jp.newsroom.ibm.com/2019-09-10-IBM-Study-The-Skills-Gap-is-Not-a-Myth-But-Can-Be-Addressed-with-Real-Solutions

リスキリングの目的は「市場ニーズに適合するため」とあります。市場ニーズとは、企業の労働力のニーズを指しているようです。言い換えれば、企業の労働力ニーズに適合することがリスキリングの目的に置かれています。

個人の希望や夢をかなえることはリスキリングの目的にはならないのでしょうか？　たとえば、ＩＴプログラマーになろうとする個人的希望はリスキリングに含まれそうに思えます。

一方で、労働力ニーズに適合していなさそうな、たとえば電話交換手になろうとする個人的希望はリスキリングに含まれないということになります。

次に、「保有している専門性に、新しい取り組みにも順応できるスキルを意図的に獲得」を見てみましょう。「新しい取り組みにも順応できるスキル」とは、企業の労働力ニーズに適合するために必要なスキルと考えることができます。

「保有している専門性に」ということは、今保有している専門性が不要というわけではないようです。あくまでも今の専門性を活かしつつ、新たなスキルを獲得するという足し算の考え方であることが分かります。

最後に「自身の専門性を太く、変化に対応できるようにする取り組みをリスキリング＝

Re－Skillingという」について見てみましょう。

「自身の専門性を太く」とは前述のとおり、専門性に専門性を足し算すると専門性が太くなるという主旨のことでしょう。

「変化に対応できるようにする取り組み」は市場ニーズに適合するために、変化に対応できるようにする取り組みとつながるようです。

この定義から、**リスキリングというのは、主導権を握るのは市場ニーズ、つまり企業活動と労働力のニーズであって、個人が市場ニーズの変化に対応できるように追随する形で取り組むことである**と捉えることができます。

職業の変遷の歴史をここ100年程度俯瞰して考えてみましょう。通信の発展とともに電話交換手の職がなくなり、そのはたらき手は別の職につく、自動車の普及と共に馬車の御者の職はなくなり、そのはたらき手は別の職につく——このような移り変わりもまたリスキリングといえるのかもしれません。このように社会や技術の進歩とともに人のスキルが変わっていくのは、普遍的なことといってもよいでしょう。

## DXに必要となる組織・人材・スキル

さて、リスキリングの主導権が企業の労働力ニーズであることが明らかになったところで、企業活動によりフォーカスしていきたいと思います。

経済産業省が2023年2月9日に公開した「DX白書2023年」に、DX戦略の全体像が示されているので引用します。


DX戦略の策定に際しては、まずDX推進によって達成すべきビジョンを定める。そして外部環境変化とビジネスへの影響評価を考慮したうえで取り組み領域の策定及び推進プロセスの策定を行い、達成に向けた道筋を整理することが必要である。

出典：https://www.ipa.go.jp/publish/wp-dx/dx-2023.html

先ほどの異業種による銀行関連サービスへの参入のような例をもとに考えてみましょう。

ある小売企業は、富裕層とのタッチポイントが強みであり、達成すべきビジョンとして「富裕層にとって安らぎのコンシェルジュになる」を掲げたとしましょう。

比較的年齢の高い富裕層にもスマホでの決済が普及し、銀行関連サービスがAPIで簡単に提供できるようになってきています。また、その企業は、マーケティング費を直接顧客へ還元する形で金融サービスが提供できる状況になっていたとします。

そういった中でビジョンを達成するサービスとして、お客様に毎月数千円ずつ積み立ててもらい、満期時に高年利のボーナスを提供するサービスが考えられるでしょう。このサービスでは、たとえば、毎年お孫さんに誕生日プレゼントを贈る祖父母のお客様に、毎月5000円ずつ積み立ててもらい、1年後に15％のボーナスを受け取れるようにすることで、ボーナス分で9000円分のおもちゃをプレゼントすることができます。

老後の資金を取り崩すことなく、お孫さんにプレゼントができれば、まさに老後の不安を少しでも取り除いてくれる安らぎのコンシェルジュになるのではないでしょうか。また、お買い物の際も、店舗に来店してもらうようにすることで、お孫さんとの毎年の楽しい思い出作りに一役買えるかもしれません。

ここまでの想像を通じて「DX白書2023年」で示されるDX戦略の策定のイメージを膨らませてみました。これらの取り組みを実際に推進するためには、プロセスの策定とともに推進する組織・人材・スキルが必要になるでしょう。

## DXを推進できる組織

組織について考えてみましょう。Weblio国語辞典では、以下の説明がなされています。

組織（そしき）とは、特定の目的を達成するために、人々が共同で活動を行うための構造や体制を指す言葉である。組織は、その目的や規模、形態により多種多様である。企業、学校、政府機関、非営利団体などが典型的な組織であり、それぞれが特有の目的を持ち、その達成のために様々な活動を行っている。組織は、その構成員間の役割分担や連携により、個々の能力を超えた成果を生み出すことが可能となる。また、組織は、その内部における情報の共有や意思決定のプロセス、構成員の行動規範などを定めることで、その活動を効率的に進めることができる。

出典：https://www.weblio.jp/content/%E7%B5%84%E7%B9%94

組織とは、企業において特定の目的を達成するために、人々が共同で活動を行うための体制を指すようです。達成したい目的によって組織体制は変わるということなので、デジタルを活用したサービス提供の実現を本当に達成したい場合は、それに適した組織体制にしなければなりません。ここに企業としての理念や意志に基づく、経営陣のリーダーシップが求められます。

もう少し踏み込んで考えます。営利企業は企業価値の向上が重要なテーマになります。

企業価値、ここでは会社全体の経済的価値を指し、「将来的に生み出す収益を現時点の価値に換算し、会社の価値を金額として表したもの」とします。

将来的に生み出す収益を高めようとしたときに、何に投資すればよいのかを考えます。ここにデジタルへの投資という選択肢があります。多くの企業では現時点で収益源となっている事業があり、維持・成長のための投資が必要になるので、限られた投資原資を慎重に振り分ける必要があります。

そして、デジタルを活用したサービス提供の実現を達成することで将来の収益を向上させようとするならば、その戦略を描いて実行できる組織が必要です。

そこで最近増えているのがＣＤＯ（チーフデジタルオフィサー）と呼ばれる役職です。経営陣の一人としてデジタルによる企業価値の向上に責任を持つ役割です。ＣＤＯを頂点としたデジタルへの投資を成功させるための組織体制を構築する企業が増えています。

## 組織の「デジタル化」の現実問題

デジタル化の推進にあたっては、前述のような経営層の積極的な関与だけでなく、業務部門、デジタル／ＩＴ部門、管理部門の協働が欠かせません。

私たちは普段から法人向けにリスキリング支援サービスを提供している中で、組織間協働関係の重要性に直面することが多々あります。読者の皆様とこの問題を共有するため、架空の会社・X社の物語を織り交ぜながら話を進めます。

## X社のストーリー①

B2Bビジネス（法人向けの取引で収益を生むビジネスモデル）を営むX社の組織体制は、事業部、IT本部、管理本部で構成されています。

事業部長は田中さん、IT本部長は佐々木さん、管理本部長は木村さんです。

同社は主要事業の高い成長率を維持し続けることを重視しています。同社の強みは法人営業力でした。しかし、近年オンライン商談の割合が増えたことや、営業組織の急激な増員によって経験の浅い営業社員が増えたこともあり、強みであった法人営業力に陰りが見えていました。

特に、効率的に見込み顧客を見つけては足しげく通い詰め、関係を構築して受注する営業手法を実行できなくなったことで、見込み顧客を他社に奪われるようになりました。

そこでX社は本格的にデジタル活用を推進することを決めました。これに伴って、これまでアナログで行ってきた業務がデジタル化され、顧客への営業活動やサービス提供の形態もデジタル化が進んでいくことになります。

## IT本部長・佐々木さんの視点

さっそく、さまざまな問題が発生します。IT本部には、乱立するITプロジェクトを推進できる人材の数が不足していたのです。さらに困ったことに、ITプロジェクトの難易度が高いのですが、発生するITプロジェクトの多くは事業部門の業務プロセスと密接に結びついているため、営業マネジャーや営業企画など現場部門から要望を吸い上げなければなりません。

営業が強いX社の社風において、営業部門から抽象的かつ無理難題の要求をぶつけられることも珍しくなく、ハードなネゴシエーションスキルが要求されていました。

IT本部長の佐々木さんは疲弊していく部下たちを勇気づけながらITプロジェクトを推進します。業務知識が明らかに足りていないこと、業務要件定義やIT要件定義などのプロジェクト上流工程をこなすスキル・経験が足りていないこと、最新のＩＴ技術、特にSaaSと呼ばれるようなクラウドサービスを導入・運用するための知識や経験が足りていないことなど、至るシーンでチームのスキル不足を痛感していました。

佐々木さんは、①優秀で経験豊富なＩＴ人材の中途採用と、②現在のＩＴ部門メンバーのスキルアップの２つが急務であると、管理本部長の木村さんに相談します。

## 管理本部長・木村さんの視点

管理本部長の木村さんのもとには、やらなければならないさまざまなタスクが集まっていました。女性活躍推進、コンプライアンス対策、ハラスメント対策、メンタルヘルス対策、ＰＣ・スマホ等機材管理、経理対応、離職率低減・採用強化、人材育成……目が回る忙しさの中で業務に対応しますが、次から次へと重要なテーマが投げ込まれます。

特に重要なテーマは事業部門の人事業務です。とりわけ、営業社員の採用強化については最重要テーマです。毎月の経営会議で中途採用目標に対する進捗を報告しなければならず、未達成は許される状況にありませんでした。

木村さんは長年の営業社員採用を成功させてきた経験があり、採用エージェントとの付き合い方も分かっていることから、順調に成果を出すことができていました。

そんな中、IT本部長の佐々木さんからエンジニア採用とエンジニア育成の相談を受けます。

まずは採用です。同社では本格的なエンジニアの経験者採用を行ったこともなく、勝手が分かりませんでしたが、営業職採用での経験やエージェントとの付き合いもあるので、うまくいくだろうと考えていました。ところが、まったく採用できないどころか、応募者すら集まりません。転職エージェントからもエンジニア採用は勝手が違う、優秀層を採用することは正直難しいといわれてしまいます。

次に人材育成です。新人研修や管理職研修でビジネススキルの教育については経験豊富な木村さんも、ITの最新の技術に関する教育についてはまったくの門外漢でした。佐々木さんが言っている言葉の意味すら分かりません。ヨウケンテイギ？　サース？　クラウド？　雲？

ひとまず管理職研修を委託している研修会社に相談したものの、ＩＴやＤＸのスキル研修は特殊だから難しい、できたとしても高額になる、希望の研修メニューを明示してもらえないと見積もりも出せない、と言われてしまいます。

採用も育成も難しい状況の中で、他の仕事で手一杯の木村さんは、ＩＴ部門長佐々木さんの期待に応えることができませんでした。木村さんのあきらめムードに、佐々木さんは困り果ててしまいます。

### 事業部長・田中さんの視点

事業部長の田中さんは、高い営業目標の達成に向けて営業部隊に檄を飛ばす日々でした。もともと営業で高い実績を出し続けて、営業という仕事にプライドを持っている田中さんにとって、経験の浅い営業社員が質の低い営業でお客様を逃がしてしまい、成果を挙げられていない現状に、忸怩たる思いを隠せません。

中途採用の計画は進捗どおりですから、あとは営業生産性、つまり入社した営業社員が毎月の受注金額を達成することができれば、事業部の目標は達成できます。経験の浅い営業社員でもお客様に信頼いただけるよう、配下の営業マネジャーたちと細かくPDCAを回すことに力を注いでいました。

一方で、今期の経営方針であるデジタル化についても期待を持っています。経験が浅い営業社員であったとしても、顧客管理や営業管理を工夫することで見込み顧客へのタッチポイントを増やし、生産性を上げられるのではないかと期待していたからです。

IT本部のメンバーが設定した要件定義の会議に、田中さんと営業マネジャー、営業企画メンバーが参加します。つい熱くなって、いろいろなアイデアが飛び出します。名刺管理の徹底などの基本的な話から、受注可能性をAIで算出するなど、さまざまなアイデア・要求を口々にIT本部メンバーにぶつけます。

本来は、営業生産性を高めるために解くべき課題を特定しなければなりませんし、デジタルの力によって、お客様への営業活動がどのように良くなり、どれくらいの成果が出せるのかを仮説を立てなければなりません。現状の業務プロセスや顧客管理状況を冷静に分析しなければならず、デジタル活用によって営業社員の動き方がどう変わるのか、どういうトレーニングを施す必要があるのかも考えなければなりません。田中さんは、そのような考え方や情報のまとめ方をこれまでありしたことがなく苦手意識もありました。それらの仕事はＩＴ部門がしてくれるとも考えていました。

さて、ここまでお読みになって、どのような感想を抱きましたか？

さまざまな企業から聞く、よくある問題を詰め込みましたので、似たような場面に遭遇した方もいらっしゃることでしょう。

デジタルを活用してビジネスで成果を出すためには、組織間の協働関係が欠かせません。ところが、それぞれの組織が本来持っておくべきデジタルに対する基本的な知識や活かし方、専門的なスキルの不足が明らかです。それどころか、組織ごとに抱える事情があります。事業部門は日々の営業活動に、管理部門はさまざまな宿題に追われる中で、デジタル活用への対応が中途半端になってしまうのです。

組織の仕事をきちんとこなしながら、デジタル活用の取り組みを進められるような組織をつくりたい、人を育てたい——そのような願いが、リスキリング推進のエネルギーになっていくように思います。

Ｘ社の物語に戻りましょう。ここで救世主として、ＣＤＯ鈴木さんに登場いただきます。

実際は、ＣＤＯがいないと問題を解決できないというわけではありませんし、さまざまな組織体制の中で問題解決が図られていると思います。ここでは物語として分かりやすさを重視することをここでお伝えしておきます。

---

## Ｘ社のストーリー②

デジタル活用で成果を挙げられないまま初年度が終わりました。この問題を解決するため、鈴木さんがＣＤＯに任命され、ＤＸ推進本部長を兼務することになります。ここから各部門が協働し問題を解決していくことになりました。

鈴木さんは３つのリスキリング施策を実行します。

一つひとつ見ていくことにしましょう。

**［施策1］リスキリングによるＩＴ部門の増員**

鈴木さんはＩＴ本部長の佐々木さんに、リスキリングによるＩＴ部門の増員を提案します。提案とは、営業部門の人員をＩＴ部門に異動させ、ＩＴプロジェクトメンバーとして活躍してもらうことでした。

---

佐々木さんは驚きました。X社の営業社員は、文系卒でITのバックグラウンドのない人材ばかりだったからです。そんな社員をIT部門に異動させて、戦力化するのだろうか？ また、もし戦力化できたとしても事業部門は営業社員の異動を認めるのだろうか？

そんな佐々木さんの不安を感じ取った鈴木さんは提案を続けます。

「IT本部の人材は量、質共に不足しています。量、つまり人数が足りていません。最低でも1年で5人は増員したいところ、昨年は1人も増員できませんでした。中途採用がうまくいかないからです。転職市場におけるITエンジニアの有効求人倍率は15倍、つまり15社中1社しか採用できない状況が続いています。

ITエンジニアは高い報酬が期待できたり、スキルアップできる業務を任せてもらえたりする環境を選びますが、残念ながらうちはいずれも当てはまらない。そもそもITエンジニアに対する採用ブランディングを一切していない中で選んでもらえるわけがありません。

そんな中でも昨年1人、内定を出した方がいました。こちらの年収提示額

600万円にたいして採用競合は800万円の提示額でした。その方は、競合への就職を選びました。次こそは採用を成功させるために、私たちは努力すべきです。

とはいえ、不定期かつ増員人数が読めない状態を今年も続けるわけにはいきません。職種転換によるリスキリング施策で今年は確実に5名の増員を行います。

次に質です。今我々が取り組んでいるデジタル化は、技術的に決して難しいことではありません。優れたSaaSベンダー（クラウドサービスを提供するIT事業者）がいるおかげで、ITのすべてを自前で開発・運用しなくてもよくなったからです。

質的な観点での難しさは、ビジネスとの接続にあります。営業生産性を高める目的を達成するために、業務をどのように変えていく必要があるのか、そのうえで投資対効果が読める要件に落とす必要があります。

そのためには、営業組織とともにプロジェクトの目的を定め、業務要件・IT要件を詰めることが重要です。営業部門のメンバーであれば、営業プロセスに詳しく、営業部門との交渉・調整においても有利に進むはずです。同社の組織風土・文化や業務プロセスをまったく知らないエンジニアが担当するよりも、むしろメリットがあると考えられます。

しかし、業務知識があるだけでは成果は出せません。ＩＴ基礎知識からプロジェクト企画の詰め方、プロジェクトマネジメントのイロハまで異動後の初期教育でしっかりと叩き込む必要があります。今期、リスキリングの取り組みがうまくいけば、次年度以降中途採用に苦しめられることから解放されるかもしれません。ＩＴ部門が確実かつ継続的に強くなるために、ともにチャレンジしましょう」


佐々木さんは鈴木さんの提案を受け入れることにしました。

鈴木さんと佐々木さんは事業部長田中さんに相談します。事業部の成功のためにＩＴ本部の人員増強が必要であること、営業の業務理解に長けたＩＴ人材を育てたいことを訴えました。

田中さんはこれを快諾し、ＩＴ本部へ異動するメンバーが5名選出されました。希望を募るのではなく、内示という形を選択しました。なぜならば、この取り組みを成功させるためには、異動後の活躍が重要であり、向き不向きなどの客観的な評価を組み入れる必要があったからです。

選定基準は、「2年以上の営業業務経験」「理系的素養の有無」「ＩＴへの興味の有無」の3つです。

目的から考えれば、営業業務プロセスを熟知していて、どうすれば営業成績が上がるのかイメージが湧く人材が適任です。そこで、まずは同社での営業経験が2年以上あり営業成績を一定程度出しているメンバーが対象になりました。

この条件に当てはまる営業メンバーはたくさんいたので、さらに絞り込みをかけます。理系的素養の有無です。理系の学部を卒業したメンバーや、文系出身者でも論理的な提案を得意とするメンバーを選びました。

そのうえで、ITへの興味があるか、あるいはデジタル分野へのキャリア形成に興味がある人材を優先することにしました。

これは聞いてみないと分からないこともあり、2つの条件に当てはまったメンバーに今回の件を打診する形で興味の有無を推し測ることにしました。そうして5名のメンバーが選出され、異動の内示が掲示されました。

取り組みの全体像はこのようなものです。

異動後、6か月間を集中トレーニング期間とし、実務よりも学習を優先することします。集中トレーニング期間の実務面においては、異動直後からIT本部の定例会議への参加、上長や教育担当者との1on1の実施をしつつ、徐々に簡単なタスクを与える形で、業務の5割以下程度に抑えながらIT本部の組織や仕事になじめるように工夫しました。

同じく学習面においては、以下の範囲を6か月間かけて学びます。

■**IT関連の基礎知識**（基本情報技術者試験に出題されるようなITテクノロジー、マネジメント、ストラテジーの知識）
■**ロジカルシンキング／問題解決力**（ロジカルシンキング・クリティカルシンキング、課題特定の思考訓練）
■**DXプロジェクト企画**（架空ビジネスケースを用いたDXのビジネス目標設定、課題特定、業務プロセスAsis−Tobe整理、機能要件検討、ROI算出、RFP作成等の情報整理・ドキュメント作成・プレゼンテーションを通じた思考訓練）
■**ITプロジェクトマネジメント**（ITの開発の流れ、業務要件定義・IT要件定義・開発・テスト・導入など一連の流れの知識習得及びケースワークを用いたドキュメント作成とプレゼンを通じた思考訓練）

これらを通じて、営業における生産性の向上の課題特定のための仮説を出し、事業部門とのヒアリングを主導し、業務プロセス変更提案資料の作成・提案など、実務上の難所を乗り越える実践的なスキルを身につけます。

学習面の支援は、外部の専門家に任せることにしました。最近はリスキリング支援サービスがあり、集中トレーニング期間の支援を預けられます。まるで社会人大学のように必要な最終アウトプット課題が定められ、定期的な授業機会、教材や課題の出題、課題の回収と添削、専門的な内容に対する質疑応答などがすべてそろっており、なおかつそれらすべてがオンラインで受講できます。

朝出社して夕方退社するまでの間、やるべきことがびっしり詰まっているので、退屈することもありません。上長や教育担当者は、授業や課題に追われるメンバーを支え応援しながら、実務面でスムーズに馴染めるように支援していきます。異動者を朝から晩までフォローし続ける必要がないことに、上長や教育担当はホッとしながら引き続き通常業務に集中することができました。

6か月後、全員無事に最終アウトプット課題をクリアすることができました。また、集中トレーニング期間の途中で、実際に動いているプロジェクトのメンバーに入ることになり、業務要件定義などの業務に従事していました。学んだことを即実践で活かせる環境は本人たちにとって成長実感が得られる素晴らしい機会となったと同時に、上長や教育担当者にとっても異動者の戦力化を実感できる機会となりました。

田中さんも実際彼らとミーティングをする中で、上手に業務要件を整理してプレゼンする姿に頼もしさを感じていました。ここに第一期IT本部リスキリング施策は事実上の成功として、経営会議に報告されることとなりました。

### ［施策2］リスキリングによる営業組織のデジタル化

先ほど［施策1］の提案を快諾した事業部長の田中さんは、このような思いを持っていました。本来、事業部側が整理しなければならない業務課題の特定や業務改革後の状態目標について、十分にリーダーシップを発揮できていないことに対する後ろめたさです。

また、ＩＴ本部に負担をかけていることで申し訳ない気持ちも持っていました。

さらに、良くない状態は事業部側から「ＩＴ本部は営業の仕事を知らなさすぎる」と不満の声が出てきていることでした。

お金を稼いでいるのは自分たちだ、営業の仕事をＩＴ本部はもっと理解するよう努力すべきだ、営業同行するくらいの気概を見せてほしい、という思いを抱いていること、そして彼らのこの思いはもはや間違っていることにも田中さんは気づいていました。しかし、田中さんは彼らとその誤りについて話し合うことがなかなかできていませんでした。

長年会社の成長を牽引してきた営業組織は、強固な団結力と強い営業マインドを大切にしてきました。お客様の懐に飛び込む営業魂を飲みニケーションで後輩に教え、一丸となって業績拡大にまい進してきました。そして、そんな組織をつくり、引っ張ってきたのは、他ならぬ田中さん本人だったのです。

しかし、それらのやり方は数年前から続けられなくなっていました。飲み会でのパワハラが問題視される、帰宅中のＰＣ紛失などが発生するなど、コンプライアンス遵守の観点によるマイナスの要素も無視できないものになっていました。
そういった時代の変化に伴い、伝統的に行われてきた取り組みも変化していきました。気づけば強固な団結力と強い営業マインドを維持・継承していくことが難しくなりはじめ、組織の生産性の低下と相まって営業組織運営方針の再考が求められるようになりました。

田中さんに付き従ってくれた営業マネジャーは、昔のやり方で組織を運営したい、大切な価値観として後輩に伝えたいと言ってくれていました。しかし、中途入社の若手営業社員が増えていく中で、なかなか思うようにはいかず、じりじりと生産性は下がっていきます。
そういった背景の中でデジタル活用の取り組みが持ち上がり、うまく対応できない現場の不満の矛先がIT本部に向かったわけです。

田中さんは営業マネジャーたちを集めました。今の事業運営・組織運営の課題感をあらためて共有し、自分たちが変わらなければならないこと、そのためにデジタル活用に向き合わなければならないこと、IT本部に責任を押しつけてはいけないことを共有しました。
　現状を真摯に受け止めて解決していくとはどういうことか、田中さんが思うビジョンを語りました。このデジタル活用の取り組みは一過性のものではないだろう。お客様にご満足いただける営業をやり続けるためには、常にデジタル活用による進化を志さなければならないものであろう。そのためにはお客様の変化、商材の変化、デジタル技術の進歩を踏まえて我々の営業活動がどう変わっていくべきかを考え続けなければならない。私やマネジャー、営業社員全員が考え続け、良いアイデアを形にしていくことこそが、これからの営業組織に求められる新しい団結力であり提案力なのではないか――
　この日から営業組織の変革が始まりました。

田中さんはCDO兼DX推進本部長の鈴木さんに相談しました。営業組織のデジタル化はどのようにして実現できるのかについてです。鈴木さんが提案した営業組織のデジタル化施策は以下のような内容でした。

全員にデジタルリテラシー向上の機会を提供し、選抜者にデジタルスキル習得の機会を提供します。

営業組織のデジタル化の目的は、デジタルによる営業力の向上のアイデアを創出することにあります。達成のためには、営業の専門性に基づいた的確な業務分析と、デジタルの専門性に基づいた的確なソリューションアイデアの融合が欠かせません。

とりわけ、デジタルの専門性に大きな不足を感じている現状を踏まえ、デジタルに長けた人材の発掘と育成が最重要テーマです。営業で成果を出せる人が必ずしもデジタルに長けた人材とは限りません。ですから、スキルや素養を持った人材を発掘したうえで、専門性を付与するトレーニングを施すことが有効です。

専門性を付与するトレーニングは、中途半端な内容ではいけません。デジタル技術の進歩にキャッチアップし続けるだけの興味関心を持ち、営業プロセスへのデジタル活用を提案し続ける状態に持っていくには、本人がデジタルの専門性を持っていると自負できて、責任感を持って取り組み続けられる程度のレベルまで引き上げることが重要です。

営業社員が技術を使いこなせる状態になることがゴールではなく、技術というものがどういうものであるかを知り、分からないことが分かるようになることを重視します。
たとえば、営業現場で顧客情報を蓄積して営業のタイミングや営業内容を示唆するアプリを作りたいと思ったとします。アプリケーション開発では示唆する画面の作り方、顧客データの扱い方などをどのように対応しているのかを知ることで、顧客データを正しく入力することの大切さを理解し、使いやすい画面の定義はユーザー側がきちんと示さなくてはいけないことを理解します。その中で、新しい技術が出てきたときに断片的にでも持っている知識をもとに技術に触れていくことができるマインドセットが生まれていきます。

以上を踏まえて、選抜試験を経て、2か月間の選抜トレーニングコースを開設することになりました。選抜試験の実施から選抜トレーニングコースの設計運用は外部のリスキリング支援サービスに任せることにしました。

選抜試験はITパスポートの模擬試験と営業社員への個人面談によって行います。ITパスポートの模擬試験のスコアによってデジタル関連知識の状態を測りつつ、個人面談を通じて意欲や素養に関する状態を測ります。

個人面談ではこのようなことが分かります。
たとえば営業社員Aさんの事例です。

29歳中途入社3年目、大学は都内の有名私立大学の商学部を卒業、得意科目は数学。新卒で人材系企業に営業職として就職し、無形商材の提案営業を5年経験。現職に営業職として中途入社し、対応が難しいとされるクライアントを担当。高校時代から数学に興味があり、論理的に考えるよう心掛けている。1社目でも論理的な提案を武器にし、現職でもそのような営業スタイルが評価されて対応の難しいクライアントを担当している。デジタル関連については昔から興味があり、プライベートでもゲーミングPCなどでゲームをすることもある。現職の営業活動中もデジタル活用のアイデアを考えたりすることもあり、会社の方針に賛同している。ITパスポートの模擬試験スコアも標準的なスコアであったことから、Aさんは選抜トレーニングコースに進むこととなりました。

選抜トレーニングコースでは、Pythonアプリケーション開発を行います。Pythonとは開発言語の一種で、アプリケーションの開発やデータ分析に長けている一方で、学習コストは比較的軽いとされている言語です。

2か月間の学習は、開発環境のセットアップ、基礎構文の学習、オブジェクト指向の学習、アプリケーションの開発と4つのステップで行われます。選抜者は20名1クラスとなって毎週実施される集合研修に参加し、出された課題をクリアしていきます。

最初の関門は開発環境のセットアップです。各々に支給されている会社用PCを使用してプログラミングを行います。Web上からプログラミング用のパッケージをダウンロードして、初期設定を行いますが、そのような設定をした経験がありません。ダウンロードボタンの位置が分からない、ダウンロードファイルの置き場所が分からない、インストール中にエラーが起きたがその対処方法が分からない、などさまざまなハードルを乗り越えていきます。

初歩的で取るに足らないつまずきのように思えますが、自分の手で苦労して環境を構築して、次は自分でできるようになる自信を得るためには必要なプロセスです。

この後のさまざまな課題も基本的には自分の手で行い、つまずきながらフォローしてもらいながら、自分でできるようになっていきます。

基礎構文の学習では、いわゆるプログラミングを行います。最初はデータや関数などの基本的な扱いを覚えます。覚えたことを使って簡単なお金の計算を行います。たとえば120円のジュースを買うのに、200円支払ったらおつりはいくらか。1円、5円、10円、50円、100円、500円の枚数の指定と合わせて答える、などの演題をクリアします。

課題は徐々に難しくなります。オブジェクト指向のように正しく理解しようとするとかなりの学習時間を要するテーマも扱います。これらの課題を技術的な専門家のフォローを受けてクリアしていくと、分からないことが分かっていき、難しさが分かっていきます。

最終的にアプリケーションの開発課題を断片的に得た知識で何とかクリアします。クリアした方々には、未知のスキルを扱って成果を出した達成感、世の中で必要とされているデジタルスキルを扱える優越感、理解ができない箇所が残った悔しさや気持ち悪さ、エンジニアに対する畏敬の念など、さまざまな感情が入り混じります。

そして、本来の目的であるデジタルを活用して営業活動をよりよくしていくために、どんなことができるのだろうか、という思考に自然とつながっていきます。これら学習プロセスに心理的な変化を含めた一連の体験が営業社員の方々にとってかけがえのないものになりました。いうなれば学びのグッドエクスペリエンス（良い体験）です。

事業部長の田中さんは、選抜メンバーの目覚ましい成長に驚くとともに、新しい感覚を得るようになりました。

営業であれば、成功体験に裏打ちされた営業スキルを誰よりも自分が持っている、だからあらゆる部下の悩みごとや困りごとは理解できるし、解決できると考えていました。

ところが、デジタル分野において田中さん自身は成功体験がありませんし、さほどの知識も持っていません。部下に対して知識面・技術面でアドバイスできることがないのです。

答えを知っていて、それをいかに上手に教え実行させるかが問われるマネジメントスタイルから、答えが分からない中で、いかに上手に答えを探しだせるかが問われるマネジメントスタイルへ。田中さんに求められるマネジメントスタイルが変わっていったのです。

## ［施策3］リスキリングによる管理部門のデジタル武装

管理本部長の木村さんはデジタル化への対応が手につかないことに問題意識を抱いていました。経営から求められていることは大きく2つあります。

ひとつは管理部門自体がデジタル化によって生産性向上を図ること、もうひとつは他部門のデジタル化を支援することです。

前者においては、扱う業務が複雑なこともあり人力で何とか対処している部分が大きいという現状があります。経営に提出するＰＬ（損益計算書）を作成するにしても、売上情報は営業部門の受注情報を元に月次で売上金額を締めてエクセルの帳簿に記録します。

受注情報はお客様との契約書を元に確認しますが、これらは紙の契約書と電子契約書が混在しているため、管理が煩雑になっています。費用情報は支払い履歴を元に月次で費用を締めてエクセルの帳簿に記録します。支払情報も漏れがないように管理しなければならず、煩雑になっています。

管理のための管理が発生し、エクセルが乱立しており、結果的に属人的に業務を回してしまっています。法改正などの対応によって発生するオペレーションのたびたびの変更なども相まって、属人的に業務を回す状態を解決できない状態が続いています。

業務特化型のSaaSサービスの導入も考えますが、業務プロセスが変わってしまうことへの抵抗感、倦怠感があり取り組みがなかなか進みません。経理財務業務のほかにも、人事業務や法務業務などさまざまな業務でデジタル化対応が求められています。

また、他部門のデジタル化支援においても、IT本部から依頼されるエンジニア採用やデジタルスキル教育など、デジタル関連の知識がないと対処できない問題ばかりです。木村さんも管理本部自体がデジタルと向き合わないといけないことは分かっているものの、業務が忙しく余裕がないこと、苦手意識が邪魔をしてどうしても後回しになっていることに問題意識がありました。

そんな中、CDO兼DX推進本部長に就任した鈴木さんは木村さんの相談に乗ります。木村さんは問題意識があるものの、組織全体にデジタルに対して苦手意識もあり、なかなか手につかないことなどを鈴木さんに相談しました。鈴木さんは木村さんにこう訴えました。

これからの経営を考えたときに、管理部門が企業全体のデジタル化を支える必要があります。経営を支える組織がデジタル化などの役割を担っていくことになるので、人材採用や人材教育においてもデジタル化への対応は必須となるからです。管理部門こそデジタル武装すべきです。

煩雑な事務業務が多いのであれば、デジタル化による自動化・効率化の実験の場としては困らないはずです。ツールの用意や使い方のレクチャー、業務自動化に至るまでの伴走はDX推進本部が担うことで、管理部門のデジタル武装の成果を出すことを提案しました。

木村さんは鈴木さんの提案を受け入れます。ちょうど全社的にコミュニケーションツールとしてTeamsを導入していましたが、導入・トレーニングの支援をしていた人事部から「Teamsを使えばプログラミングをしなくても業務自動化のアプリを作ることができるらしい。我々もチャレンジしてみたい」という声が上がっていました。木村さんと鈴木さんは、人事部によるPower Platformによる業務自動化プログラムを実施することにしました。プログラムの内容はこのようなものです。

人事部所属のメンバー全員を対象にします。各自が自動化したい業務案を持ち寄ります。次にPower Platformでできることを学習します。業務案に対してどのように自動化するかを各自が設計します。実際にPower Platform上で開発を行います。発表会を催して各自が作成した開発物をお披露目します。これをトータル2か月間、繁忙期を避けて行います。

この取り組みの設計運用は外部のリスキリング支援サービスに任せます。

人事部で新卒採用業務を担っているAさんは、内定者管理ツールを作成することにしました。優秀な学生を企業間で採り合う競争は激しい状況にあり、事務的な対応だけでは学生に一緒にはたらきたいと思ってもらえません。選考過程はもちろんのこと、内定を出した後でも、本当にこの会社に入社してよいのだろうか、と心は揺れ動きます。

Aさんはそういった学生の気持ちに寄り添いたいと思う一方で、事務的な業務に追われてしまう現状に課題を感じていました。今回の業務自動化によって、内定者への依頼事項や対応有無の状況確認、未対応者への後追い業務など内定者管理を自動化し、より学生の心に寄り添える仕事がしたいと思っていました。

そこで、Aさんは内定者への依頼事項や対応有無の状況をエクセルに自動反映させられるような仕組みを構築し、未対応者が発生したときには自分にアラートを出せるようにしたり、内定者へのリマインドメールの自動配信を行うなどの仕組みを考案しました。

Power Platform上での実装はTeams上の設定画面を通して行いますが、自分で手を動かしながら作業を進めます。分からないところは伴走してくれている専門家に相談できるので、つまずくこともありません。そうして2か月間少しずつ作業を進めて、自分のTeams環境に内定者管理ツールが完成します。

実際に内定者への依頼事項とその対応状況について管理しながら、自動メール配信などを使って内定者とのコミュニケーションを漏れなくスピーディーに行えるようになりました。そして本来やりたかった内定者の心に寄り添うコミュニケーションがとりやすくなり、不安を抱く内定者と入社後の未来について話し合うことができました。

2か月後、人事部の各メンバーが作成した開発物のお披露目がありました。そこに木村さんはもちろんのこと、鈴木さんや佐々木さんも参加しました。人事部各メンバーが自分で業務の課題を考え、デジタルを使ってどのように解決策を描くのか、ここが一番の見どころでした。管理部門の現場にある業務の課題、そしてそれをどうやってデジタルで解決するのかのアイデア、実際にデジタルを実装したうえでの感想など、一連の業務改善プロセスを見ることができました。

ＩＴエンジニアの仕事を身近に感じることができたおかげで、デジタル関連の人材採用や人材育成の取り組みも身近に感じるようになりました。デジタル武装をする、つまりデジタルを理解して身近に感じることで、会社のデジタル化に伴うさまざまな業務や取り組みに対して積極的に関わることができるようになること。木村さんと鈴木さんの思惑は、見事にその目的を果たすことになります。

これら3つの施策の企画・実行をやりきった各部門長は、デジタル化に向けて本格的な組織変革を主導していくことになります。

---

この物語で登場した企業は架空の企業ですし、各部門長も架空の人物です。しかし、組織が抱える課題や組織間で起きる問題は実際の事例をもとに描いています。また、リスキリング支援サービスが提供しているプログラムの内容もまた、実際に作成したプログラムをベースにしています。

さまざまな問題に立ち向かうリーダーたちと一緒に仕事をしていて常に思うことがあります。それはテクノロジーの進化や社会環境の変化、それらに伴って経営環境は激しく変化するということ、経営課題の解決には機動力の高い組織が欠かせないということ、そして、そんな組織の変化対応をリードできるリーダーたちが求められているということです。

そうした現場で繰り広げられる挑戦を間近に拝見すればするほど、リーダーたちに成功してほしいと願わざるを得ません。

## 第1章のPOINT

■ゲームチェンジや政策により市場は大きく変化し、求められるスキルも変わっている

■海外では「スキル」が明確化されている

■日本人が「学ばない」のは評価の構造にある

■リスキリングを組織で成功させるには、組織の戦略のもとチーム単位で取り組む必要がある

# 第2章

# リスキリング・リーダーシップ

# リスキリング・リーダーシップとは

第1章では、リスキリングが企業、個人ともに必要とされるようになった背景、そして、組織においてリスキリングを進めていくうえでの課題について考えました。

第2章では、その課題を解決するための考え方とメソッドについて考えていきます。

## チームの新しいスキル習得を導く

変化の激しい時代において、機動的な経営を支える組織文化を自ら形成し、牽引する。――これは、数多くのクライアントと議論する中で必ず出てくる、ほぼすべての企業が願い、必要としているリーダーシップの形でした。

「顧客にどんな新しい価値を示し、届けるか？」を自問自答する企業やサービスがたくさんあり、その企業やサービスには、変化を引っ張るリーダーが必ずいます。そういったリーダーたちは企業の競争力そのものといえます。

リーダーたちが成果を出すためには、大小問わず、組織を率いていくことが必要です。そのチームが成果を出すためには、チームが持つ組織能力を進化させ続けなければなりません。

チームが培ってきた力に加えて、時代や環境に合わせて新しい能力を獲得するよう変化が求められます。テクノロジーの進歩と社会経済への影響が大きい現在においては、テクノロジーにまつわる組織的能力の獲得がとりわけ重要になります。

テクノロジーといっても、ＩＴの部署だけが対応すればよいわけではありません。「顧客にどんな新しい価値を示し、届けるか？」と自問自答するすべての部署、経営企画部、人事部、営業部、製造部、すべての組織においてテクノロジーの影響、変化対応への取り組みは欠かせません。

本書では、そのように、チームで新しい能力を獲得し、変化を先導するリーダーシップの形を**「リスキリング・リーダーシップ」**と表現します。

## リスキリング・リーダーシップに求められるメンタルモデル――

では、リスキリング・リーダーシップには、どのような力が求められるのでしょうか。

第1章のエピソードでのリーダーたちの葛藤や挑戦は、チームのリスキリングを推進するうえで、単なるデジタルスキルの習得の話ではありませんでした。

顧客に提供したい価値の実現方法はテクノロジーの影響を強く受けることから、特に管理部門や営業部門などの非IT系部門においては、スキルのみならずメンタルモデル（価値観・考え方）の構築が重要でした。

第1章のエピソードでは、営業部門のリーダーは、自身が「知っていることを実行させる」マネジメントから、自身も経験したこともないデジタルスキルを、チームメンバーとともに学び、ともに実践していくマネジメントへの変化を求められていました。

マネジメントに対する考え方（＝メンタルモデル）の変化が必要だったのです。

メンタルモデルを整えることと、必要なスキルを身につけることにも密接な関係があります。新たなスキルを扱えるようになるから、親近感が湧く、自分事のように捉えられるという因果関係も、エピソードの中で描かれていました。

つまり、**リスキリングを推進していくリーダーに求められるのは、「過去の自分の成功体験によって組織を率いるリーダー像」ではなく、「自分ですら未知の変化（テクノロジー）を駆使して戦略の実現を図ろうとするリーダーの姿」**なのです。

私が尊敬する、とある企業の人事責任者の方はこうおっしゃっていました。

「リスキリングの推進には、個々人のスキルの違い、組織間のスキルの違い、あらゆる階層で違いを理解して活かしていく、ダイバーシティ&コラボレーションが重要になる」

なるほど、確かにそうだと納得しました。

見方を変えれば、過去の自分の成功体験によって組織を率いるリーダーが、「チームで確実に成果を出すには、過去に成功体験のないやり方は積極的に取り入れるべきでない」と考えるなら、基本的には自分と同質の人材と仕事をするほうが正しい判断となります。

他方、新たなテクノロジーを駆使して顧客に評価され、多くの売上や利益を創出することを目指すリーダーが、「過去に成功体験のない方法に挑み、新たに成功を求める」のであれば、自分と異質の人材と仕事をせざるを得ません。また同質の人材に対しても、異質のスキルを求めることになります。少なくとも、過去の自分の成功体験に立脚したスキルをインプットすることばかりに腐心していては、変化に対応することはできません。

**テクノロジーによる変化を受け入れ、時代にあった戦略を常に考え続けるリーダーは、そのチャレンジにおいて必要なスキルをチームに装着し続ける必要があるのです。**

リーダーのメンタルモデルが、「担当業務領域において自分が一番詳しい状態であるべき」となっている場合、またその状態が心地よいと感じてしまっている場合、そのメンタルモデルを変えなければなりません。

自分が掲げた戦略や目標に対して、チームメンバーが新しいテクノロジーや他社のやり方を試したいと進言してくれて、リーダー自身も新たな気づきや着想が得られる――そういう状態を心地よいと思えるようになる必要があるのです。

言葉ではテクノロジー活用を訴えていても、実際の仕事の場面でテクノロジーの活用が志向されていない、チャレンジされていない状態に対してリーダーが違和感を抱いていなければ、チームは挑戦しようとは思いません。

そのようなリーダーが現場を率いる企業では、中期経営計画でデジタルによる事業価値向上や全社的なＤＸ推進の取り組みが行われていたとしても、現場で変革は起こりません。

一方で、時代に合わせた顧客の課題解決を常に考え、テクノロジー活用を常に志向しているリーダーは、中期経営計画や全社の方針に呼応して、チームにチャレンジの機運を生み出します。

世界的なリスキル革命の流れに始まり、最近の生成ＡＩの出現によって、デジタルによる顧客価値向上と、はたらく人々に求められる役割の変化は不可逆的な流れになっていることに、もはや議論の余地はないでしょう。

次世代リーダーの育成を考えるとき、旧来の成功体験に立脚した確実性の高いリーダーシップを評価するのか、変化による不確実性をコントロールする力に長けたリーダーシップを評価するのか。

企業価値を高める、つまり将来的に生み出す売上や利益を高めてくれるリーダーはどちらでしょうか？

これまでは前者に期待される既存事業の確実な成長というメリットが大きかったかもしれません。しかし、これからは前者の選択には変化対応力の低下、相対的に急激な競争力の消失などのリスクを勘案しなければならないでしょう。

したがって、いま現場で活躍し、過去の成功体験に立脚して確実な成果を創出できるリーダーには、顧客価値向上を本質的に考えてテクノロジーを活かせるリーダーとしての期待がより寄せられているのです。

## リスキリングを推進するリーダーの行動とは

ここまで、リーダーに求められる変化を考えてきました。リーダーとしてのメンタルモデルはチームのリスキリングを推進する原動力になるという話をしました。

次は、実際にチームがリスキリングし続ける状態というのがどういう状態なのか、リーダーに求められるアクションはどのようなものかを考えていきましょう。

とあるチームＹのマネジャーである小林さんのストーリーを通じて、チームがリスキリングし続ける状態をイメージしてみましょう。

## チームYのマネジャー・小林さんのストーリー

小林さんは営業チームを率いるマネジャーとして、高い営業成績に加えデジタル活用によるインパクトある成果を残したことを評価され、社長賞を受賞しました。小林さんの挑戦の軌跡をたどっていきましょう。

営業チームの役割は法人向けに自社商品を提案することです。新規顧客の開拓も行いながら、既存顧客への提案も行います。チームメンバーは10名で、新人からベテランまでさまざまなメンバーが在籍しています。

小林さんは大学を卒業した後、今の会社に新卒で入社しました。その後一貫して営業畑を経験しています。入社した直後は、エリア担当として日々新規顧客開拓を行っていました。

当時は先輩から「ビル倒し」という技を教わって、ひたすらそれを繰り返していきました。ビル倒しとは、雑居ビル・中規模ビルなどセキュリティゲートや警備員設置がないビルを見つけ、最上階から地下まで飛び込み営業をすることです。短い時間で多くの企業にアプローチできるため、高い営業成績を挙げている先輩はこのビル倒しを得意としている人が多かったのです。

その反面、片っ端から飛び込み営業をするため、ときに問題を起こしてしまうこともあります。武勇伝として語り継がれるのは、飛び込み先の企業とトラブルになってしまい、先方のオフィスでじっくりと叱られてしまう、通称「軟禁」です。

この軟禁を経験してこそ一人前という前提があるかのように、武勇伝が勇ましく語られる中で、小林さんも、「自分もいつかは軟禁」という不安と希望が入り混じった状態で営業活動を頑張っていました。

小林さんは順調に営業成績を伸ばしていきました。

しかし、大手顧客担当のチームに異動となり、状況は変わります。折れない心と丈夫な足腰、可愛がられる愛嬌を武器に「ビル倒し」で成果を出してきた小林さんも、大手顧客担当のチームでは思うように活躍できません。

担当した顧客は、本社を中心に100社以上の子会社を抱える巨大グループです。本社との取引はもちろんのこと、子会社との取引も一手に担うことになりました。それぞれの会社で部署の数も多いことから、顧客の組織や担当者の全容把握だけでも一苦労です。

さらには、どの会社のどの部署にどのようなニーズがあるのかを把握し、キーマンの存在と考え方や好みについて熟知する必要があります。ニーズが顕在化するタイミングを見計らって提案を行いますが、提案にもさまざまな要素が求められます。

お客様が問題視している事象、事象に対して抱いている課題認識、課題を解決しうる解決策、解決策の具体性や妥当性、購買決定を促すお得感……といった基本的な要素を押さえながら、提案書を作成してプレゼンテーションを行います。

ビル倒しで成果を出していた時代はパワーポイントもエクセルも使っていなかった小林さんですが、異動後に一から勉強し、扱えるようになりました。

また、プレゼンテーションをするための事前のヒアリングスキルも大いに磨きました。とりわけキーマンと呼ばれる方々は頭の切れる方が多く、抽象的で概念的な話と具体的現実的な話を早口で行ったり来たりするのを、まるでジェットコースターに乗っているかのように、目の回る思いでヒアリングしていました。

ヒアリングの後は、聞いてきた内容を吟味して、問題・課題・解決策と整理していきます。話の道筋に論理的な飛躍はないか、個人的な感想や思い込みはないかを徹底的に客観視しながら、一方でお客様の期待に応えたいという情熱をどう伝えるか、困難があっても逃げないという信頼を勝ち取るにはどうすればいいかも考えていました。

そうした地道な努力によって、小林さんはお客様から信頼を得られるようになり、さらには「小林さんに仕事を頼みたい」と言われるまでの関係性を構築することができました。その成果が評価され、小林さんは営業チームのマネジャーに抜擢されます。

担当していた大手顧客での売上拡大と、新たな顧客獲得のための新規顧客開拓を目的に、チームには営業メンバーが配属されました。

これまで個人の営業として目標達成し続けてきた小林さんは、営業マネジャーとしての目標達成に苦戦するようになります。営業目標の中でもウェイトの大きい大手顧客での売上拡大が思うように進みません。小林さんが営業として動く分にはこれまでどおりの成果を出せるのですが、配下の営業メンバーに任せると、思うように受注が伸びません。
営業同行をしながら、組織やキーマンの把握、ニーズの把握、ヒアリングの仕方、提案書の書き方、プレゼンの仕方、クロージングの仕方……一つひとつ丁寧に教えていきますが、なかなか覚えてくれず、何度も同じことを指摘しなくてはならない状態になっていました。

確かに、相当難しいことに対応しなければなりません。営業メンバーごとの得手不得手を考慮すると、オールマイティーにできるまでにはかなりの時間がかかることは、小林さんにもよく分かっていました。
メンバーの力が足りないから、組織の成果が上がらない。メンバーの成長が遅いから、すぐに成果は上げられないと思うようになっていました。

そんなあるとき、ChatGPTと呼ばれる生成AI技術が誰でも使えるようになったというニュースを目にします。さっそく触ってみました。チャットに言葉を打ち込むと返答してくれるのです。驚くことに、まるで人間と会話しているかのような反応が返ってきます。

面白くなってあれこれ触っていく中で、ふと「ヒアリング内容の要約はできるのだろうか？」と思いついた小林さんは、機微情報、個人情報等を除いた状態で文章を打ち込み、要約をしてもらいました。

チャットでのＡＩへの依頼の仕方（プロンプティング）にコツはいるものの、きちんとお願いすればきちんと返ってきます。

さらに、ヒアリング情報を元に提案の作成も依頼しました。なんと、小林さんが提案した内容と同じストーリーで提案してくれるではありませんか！　さらに、自社の商品情報を追加したうえで、提案に反映してもらえば精度が上がっていきます。これは仕事に使える！　と小林さんはさっそく営業メンバーを集めました。

小林さんが立てた作戦はこうです。大手顧客の営業プロセスは、①顧客の状態把握、②ニーズ発生タイミングのキャッチ、③ヒアリングの実施、④提案の作成、⑤提案の実施、⑥クロージングと契約、という６つのフェーズに分けられます。

苦戦しているのは②③④です。特に③と④で、小林さんがいないと質が下がり、小林さんが対応するとスピードが遅くなってしまうというジレンマを抱えていました。

その問題の解決策として、小林さんの代わりにChatGPTに相談することをメンバーに求めました。上手に相談するためのテクニック（プロンプティングスキル）は、会社が契約しているeラーニングサービスやYouTubeを使って学んでもらいました。

同時に、学んだスキルや仕事での実践事例を共有するための定例会議も設定しました。

最初はChatGPTの回答に違和感を覚えることもあり、疑心暗鬼な気持ちもありましたが、プロンプティングスキルを学ぶメンバーからさまざまなノウハウが寄せられ、生成AIの使い勝手は飛躍的に向上していきました。

小林さんの知らない言葉が数多く会議で飛び交うようになり、小林さんもメンバーと一緒になって学ぶことで、これまでなかったチームの一体感も生まれるようになりました。

そんななか、決定的な出来事が起きます。

営業メンバーが担当しているお客様からの急なニーズ発生に対して、即座にChatGPTに相談し、当日中に回答を出したところ、その翌日に注文したいと連絡が入ったのです。

いつもはニーズ発生に対して、営業メンバーは小林さんをつかまえるか、込み入った話であれば会議を設定して相談してからお客様に返答していました。それにはいつも1週間程度かかっていたのです。

小林さんは思いました。お客様からのニーズ発生に対し、当日中に回答したのは良いことだったのか？　ChatGPTに相談しろとは言ったが、私のチェックを楽にするためであって、勝手に回答していいとは言っていない。きちんと吟味して回答すべきだったのではないか？　注文につながったのはまぐれなのではないか？と。

小林さんは発注してくださったお客様に会いに行って、発注してくれた理由を伺いました。そうすると、思いもよらない回答がありました。

対応スピードに感動して発注を決めた、もっと言えば、小林さんチームの対応スピードに不満を抱いていた、とおっしゃるのです。

小林さんのチームが扱う商品は、今やコモディティ化が進み、商品の品質に関しても、どの会社から購入してもさほど差がない状態になっていました。

大きな違いは対応スピードの早さです。小林さんの会社は取引が長く、信頼関係があるため、対応スピードが多少遅かったとしても、他社に乗り換えることはされません。しかし、対応が遅い会社という印象があったことで、急ぎの仕事は新たに取引した会社に頼んでいたことを知りました。

つまり、小林さんの会社との取引額は変わっていなくても、新しい需要は他社に奪われていたのです。

小林さんは顧客がどんなことに価値を感じるのか、深く観察していなかったことを反省しました。今回はたまたまテクノロジー活用をきっかけに、競争環境の変化に気づくことができましたが、自分の中の当たり前や固定観念が、ビジネスにマイナスの影響を与えてしまうことに恐怖すら感じました。リーダーとしての責任の大きさ、難しさ、そしてやりがいを痛感しました。

それ以降、小林さんはお客様が求めていることをニーズ発生時に確認し、柔軟性をもってスピードと品質のバランスを図る営業方針に切り替えました。その営業プロセスに生成AIがフル稼働することになります。まずはスピードを優先する場合は生成AIのアドバイスをもとに、24時間以内の回答を徹底しました。

メンバーは生成AIの精度を高め続けるべく、さまざまな試みを続けました。小林さんとメンバーの商談のための相談ミーティングは、複雑性の高い提案や特に品質の高さが求められる提案に限って行われるようになりました。

さらに、提案の基本的な要素は生成AIによって作成できるようになったので、複雑な提案についての対応スピードが高まりました。

副次的な効果として、営業チームのストレスが軽減されたことも大きなトピックでした。

これまでは小林さんが絶対的なエースとして君臨し、優秀な小林さんが優秀でないメンバーに教えるという対立構図が成り立っていました。それが小林さんとメンバー双方向の不平不満の温床になってしまっていたのです。

今は、お客様の課題に対する提案をいかに早く的確に行えるか、そのためにデジタルをどう使うのか、という問いのもと、小林さんとメンバーが共にお客様の満足に向かう構図に変わりました。結果、小林さんの目線は社外のお客様の観察に向くようになり、リーダーとして明らかに成長が見られるようになりました。

その結果、小林さんのチームは、営業目標の大幅な達成、デジタルを駆使した営業プロセスの確立という2つの大きな成果を残し、社長賞の授与とともに、チームの取り組みが全社に共有されることになりました。そして、この事例をきっかけに同社は生成AIの本格的な導入に踏み切ることとなり、あらゆる部署でのデジタル活用が急ピッチで進むことになります。

## 経験学習モデルで考える

ここまでの小林さんの物語を通じて、チームのリスキリングがどのように推進されていくものなのか、イメージできたでしょうか。

小林さんの取り組みを、要素ごとにまとめてみましょう。

（1）テクノロジーへのアンテナと、仕事で活かそうとする行動力
（2）業務における課題の特定と、具体的な活用方法の設定
（3）学ぶべき内容の明確化と、学ぶプロセスの運用
（4）業務活用の促進と、成果に対する考察

（1）は前項のストーリーにあるようなテクノロジーへの関心と実務への応用です。そして（2）（3）（4）は、具体的なリーダーとしてとった行動です。そしてこの行動は、デイヴィッド・コルブの「経験学習モデル」で説明することができます。

経験学習モデルとは、学習と経験の関係を、**①経験する（具体的な経験から気づきを得る）→②振り返る（経験を自ら振り返り、気づきを得る）→③考える（仮説を持ち、新しい場面で試してみる）→④試す（仮説や理論を試してみる）**の４つのサイクルで説明する理論です。

小林さんのチームの事例においても、①生成ＡＩを使ってみる→②顧客へのヒアリングと提案の作成に役立ちそうだ→③小林さんの代わりにChatGPTに相談すると、営業プロセスが効率化できるのではないか→④実際に生成ＡＩを活用することで、営業活動のスピードと品質が高まっていることが確認できた、というサイクルになっています。

図 2-1　デイヴィット・コルブの「経験学習モデル」をもとにした学習サイクル

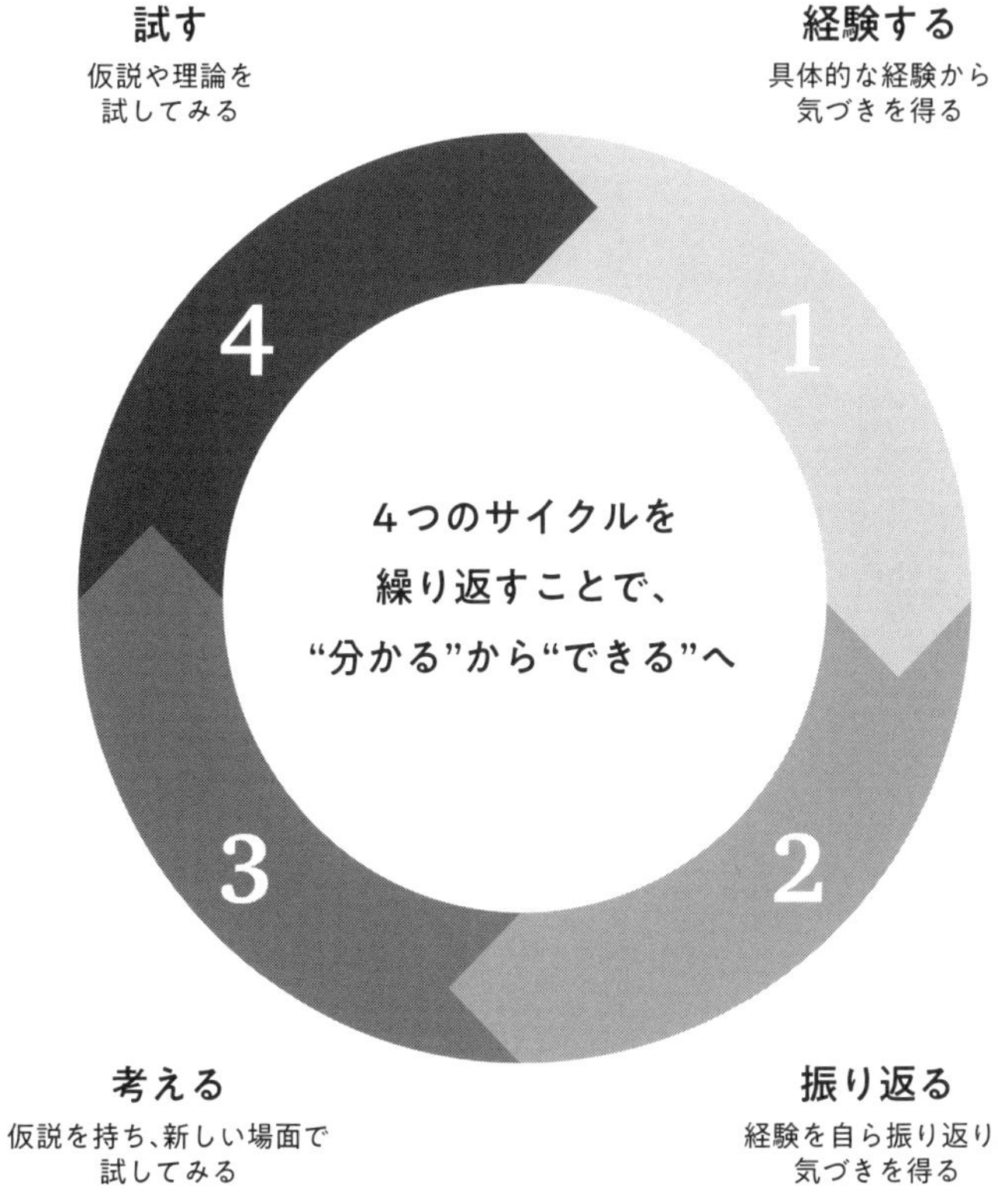


出典：デイヴィッド・コルブの「経験学習モデル」をもとに「学びのコーチ」（現「リスキリングキャンプ」）が作成

このようなやり方については賛否があるかもしれません。しかし、テクノロジーの進化が加速度的に速くなり、「こうすれば正解である」という勝ちパターンが存在しない、あるいは、業界・業種・職種・業務内容などによって勝ちパターンが多様化している今、経営主体で計画を定め、現場はそれを実行しさえすれば必ず良い結果につながるとは限らなくなっています。

**顧客に近い現場主体で行う偶発的なチャレンジによって生み出される成果こそが、リーダーには期待されているのです。**

それを推進するチームのリスキリングにおいては、学びと実務が分断されがちなＯｆｆ－ＪＴ（業務外の業務トレーニング）発想ではなく、学びと実務がシームレスに接続されるＯＪＴ（業務内の業務トレーニング）発想が適しています。

**ＯＪＴ発想でありながら、リーダーの経験を後進に伝えることではない、新しい人材育成のスタイルが求められています。**

業界・業種・職種・業務内容の無数の組み合わせの中に、千差万別のチームがあり、リーダーがいます。リーダーは類似事例を参考にすることが難しいという点で、孤独な存在であるともいえるでしょう。

「では、うちの人材育成はどのように行えばいいのだろう？」

その孤独な問いに答えるのが、これから解説する４つのステップです。

# リスキリングメソッド4つのステップ

この章ではここまで、リスキリングを推進するためのリーダーに必要なメンタルモデルや行動を考えてきました。では、チーム内の学びを継続させ、そして学びと実務を直結させるには、具体的にどのように取り組んでいくといいのでしょうか。

リスキリング・リーダーシップを発揮し、組織のリスキリングを実現する方法が、これから紹介する「リスキリングメソッド」です。

このメソッドには、「ゴールを定める」「道筋を描く」「導く」「達成する」という4つのステップがあり、各ステップに必要なアクションがあります。これを順に実行することで、チームでのリスキリングを推進することができます。

4つのステップを山登りにたとえると、図2－2のようなものになります。

図2-2　リスキリングメソッド4つのステップ

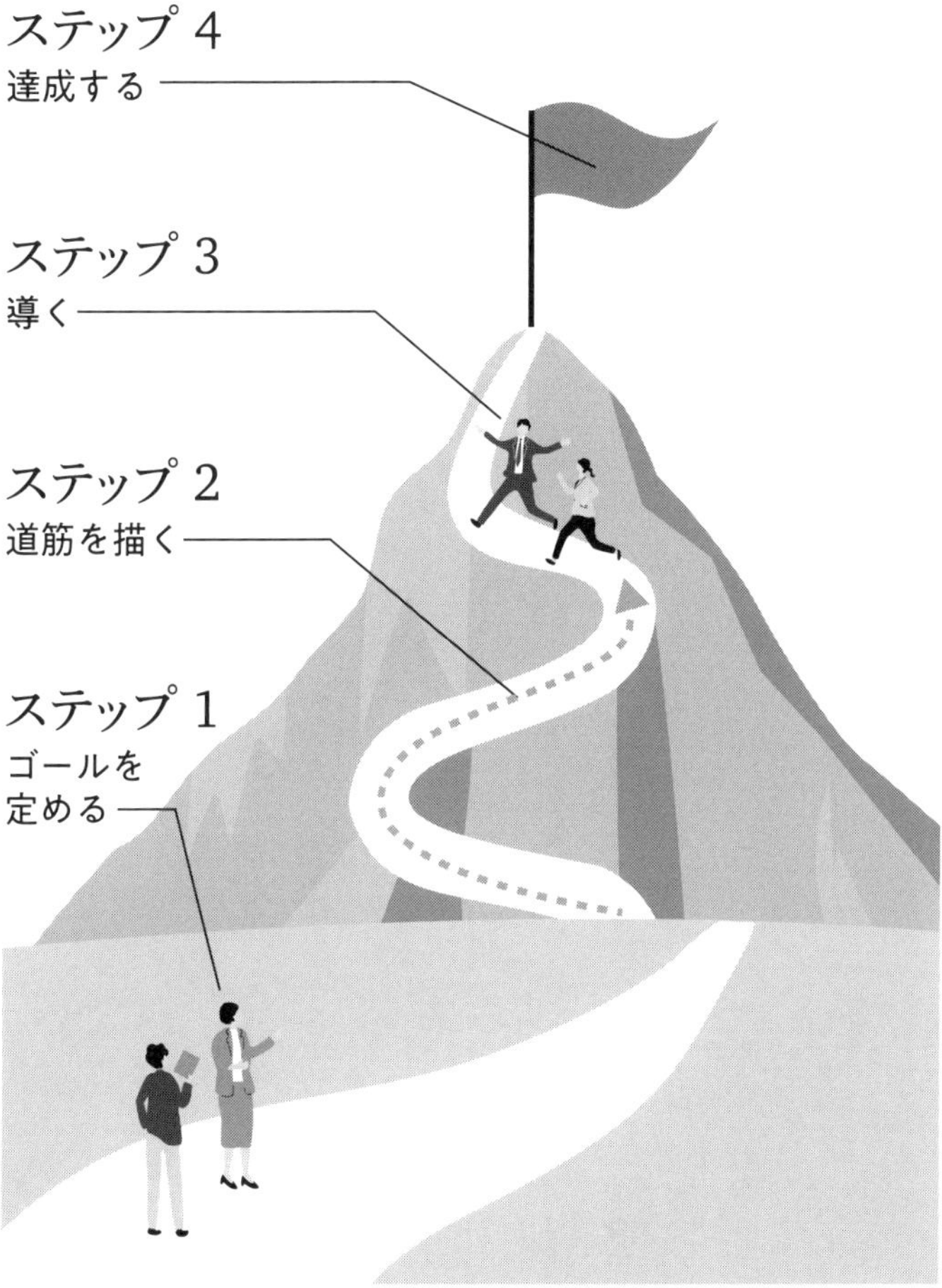

このリスキリングメソッドは、私どもが運営する「リスキリングキャンプ」のサービスを実際に提供していくなかで、研究・考案され、顧客へ提供しているものから、特にリーダーに必要なエッセンスを抜き出したものです。

シンプルに見えますが、リスキリングを実行するうえでの実際の課題、特に「学びは継続できるか」「学びと実務が直結するか」という2つの課題に応えるためのメソッドです。

実際に、学習継続率は99％と優れた結果を出しています。（学習継続率：企業ではたらくビジネスパーソン約1500名を対象にした3か月以上の継続学習における学習継続率）

## ［ステップ1］ゴールを定める（企画）

リスキリングを推進するうえで、当たり前ですが、もっとも重要なポイントです。同時にとても難しいポイントでもあります。学びと実務、成果を直結させるためのゴール設定にはコツがあります。

- 目的の設定
- 業務目標の設定
- スキルの設定

## ［ステップ2］道筋を描く（カリキュラム設計）

目的としたスキル習得を達成するために、具体的に、何をどのレベルまで学ぶ必要があるのか。学ぶためにはどのようなプロセスが必要なのか。道筋を設計していきます。

■ 学習ゴールの設定
■ 学習計画の作成
■ 学習教材の決定

## ［ステップ3］導く（学習伴走）

目的を設定し、どう学ぶかを指定しただけでは、学習は実務に直結しません。必要なのは、学習を伴走することです。リスキリングにおけるリーダーの伴走にもコツとノウハウがあります。

■ 個別面談（キックオフ）の実施
■ 専門家伴走の実施
■ 学習成果の共有

## ［ステップ4］達成する（実務伴走）

目的を達成できたか、実務につなげることができるか。メンバーの学習の評価や仕事へのアサインも組織におけるリスキリングにおいては重要なポイントになります。

- **個別面談（総括）の実施**
- **業務アサインとの連動**
- **リスキリングの総括**

リスキリングメソッドをまとめたものが図2-3です。

この後の章では、各ステップを実行していくうえでの重要なポイントを中心に解説していきます。

## 図2-3　リスキリングメソッドの全体の流れ

**ステップ1**
ゴールを定める

### 企画

- 目的の設定
- 業務目標の設定
- スキルの設定

▼

**ステップ2**
道筋を描く

### カリキュラム設計

- 学習ゴールの設定
- 学習計画の作成
- 学習教材の決定

▼

**ステップ3**
導く

### 学習伴走

- 個別面談(キックオフ)の実施
- 専門家伴走の実施
- 学習成果の共有

▼

**ステップ4**
達成する

### 実務伴走

- 個別面談(総括)の実施
- 業務アサインとの連動
- リスキリングの総括

# リスキリングメソッド3つの特徴

本書で紹介するリスキリングメソッドには、実際のリスキリング支援の中で見えてきた成功に必要な次の3つの特徴があります。

（1）「受け身」の学習から「アウトプット中心」の学習へ
（2）モチベーションの維持は3つの視点で
（3）学習と実務との接続

## （1）「受け身」の学習から「アウトプット中心」の学習へ

実際に新たなスキルや知識を得るためには、Udemyなどのオンラインサービスや書籍といった学習コンテンツが役に立ちます。

しかし、ここで知識習得上の問題が発生します。そうしたコンテンツをただ受け身で享受しているだけでは、内容を本当に理解できているか不安になってしまうという問題です。

たとえば、ニュースで流れてくる政策の内容を自分では分かっているつもりでも、いざ人に話そうとするとうまく説明できなかったり、子どもの無邪気な質問にうまく答えられなかったりといった経験は、皆さんもお持ちではないでしょうか。

学習においても同じことが起こります。この問題を解消するためには、学習の早い段階で、定期的にアウトプットすることが重要になります。

リスキリングの支援の事例では、資格を獲得する前段階で、模擬試験を定期的に受けていただきました。最初は合格点に程遠くとも、出題された内容の意味が理解でき、何について答えればいいのかが分かったうえで解答できた問題があれば、それだけで自信になります。逆に、あてずっぽうで解答して間違えた問題に対しては、どの程度の深さで理解しておかなければ解けないのか、学習するうえでの大きなヒントになります。

## (2)モチベーションの維持は3つの視点で

これまで、業務時間内での学習や、業務後の自主的な学習をほとんどしたことがない場合、習慣がなければ、とても大変です。

実際の支援でも、3日、1週間、1か月……と学習が止まってしまうことがありました。やらなくてはいけないのは分かっているのだけれど、今日は忙しかったし、トラブルもあって疲れたし、明日頑張ろう……。誰もが一度は経験したであろう自分への言い訳が、ほとんどすべての方に発生します。本章で紹介するリスキリングメソッドには、この問題を解決するための3つの視点が盛り込まれています。

**①最初に決意を自問自答する機会を持つこと**
**②誰かと約束を交わすこと**
**③楽しくなるまで信じて続けられるよう伴走すること**

①は学習開始時の上司との対話の中で行われます。学習することについて対話することが、その後のモチベーションにつながります。

忙しい日々の中で、ある日を境に、他人が立てた学習計画に従って学習を続けるのは、容易なことではありません。人が決めたことをやらされていると感じている状態では、学習を続けることはおろか、開始することすら難しいでしょう。自分でやると決めて、学習計画に従うと腹落ちすることが大事なのです。

②についていえば、自分でやると決める、つまり自分と約束するだけでは不十分です。中には意志の固い方がいて、自分とした約束を何が何でも守り切れるという人もいるかもしれません。そのような資質を当てにしないのが、このメソッドの考え方です。

自分に甘くて、やらない言い訳、今日サボってもよい理由、それを押し返しきれない人でも、意外と人は誰かと約束したことは守れたりします。

だらしがない人間だと思われたくない、言い訳ばかりしている人間だと思われたくない、あの人も頑張っているのだから自分も頑張ろう、認めてもらいたいから頑張ろう、一緒にやっていると楽しいから頑張ろう……このように、誰かと約束することは継続のモチベーションになるのです。

③についていえば、学習の最初の頃は分からないことがたくさんあります。分からないことを楽しめといわれても、普通はなかなか難しいものです。

趣味やスポーツにおいて、最初はうまくできなくても、少しずつできることが増えて、人から褒められたり、試合で結果が出たりといった過程を経るうちに、次第に楽しさを感じるようになってきます。学習もそれと似ています。楽しくなるまで信じて続けることが重要なのです。

そのためにも、分からないことを分からないまま放置することや、分かったのか分かっていないのか曖昧な状態で続けないことが大事です。

ある支援の事例では、3か月で80時間以上、多い人は120時間学習しましたが、もっと継続的に学習したいかどうか聞くと、80％から「はい」という答えが返ってきました。「もうやりたくない、うんざりだ」と学習が終わる日を心待ちにする人も、中にはいらっしゃいます。しかし、「次はこれを学びたい」と、さらなる目標を自ら設定する人も少なくありません。これまでさまざまな方を拝見してきましたが、成長することに強い喜びを感じる人は、実はとても多いのです。

最初は三日坊主で終わりそうになって嘆いていた人も、何とか続けて、終わる頃には喜びに変わっている。日々の学びが楽しい時間に変わっている。学びの成果が出たら喜んでいる。これらは性格や行動特性、能力によらず発生する感情のように感じられます。成長に喜びを感じるのは人の性なのかもしれません。

## (3)学習と実務の接続

リスキリングを支援するうえで、学習と実務が直結するか――企業にリスキリングプログラムを提供する私たちにとって、これは大きな課題の一つでした。私たちが考案するメソッドは、学習と実務をシームレスにつなぎ、リスキリングを実現するための必要条件を備えているか、というわけです。

第1章のストーリーで、IT本部の佐々木さん、管理本部の木村さん、事業部の田中さんがそれぞれの部署で行った課題への取り組みは、私たちが実際に支援した事例を元にしています。それらは、本気でデジタル化を推進しよう組織が必ず直面する課題といえます。そこでは、学びが実務に活かされて組織の課題が解決されていくことが求められます。

そのためにはOff-JTでの座学研修を実施するだけでは不十分で、よりダイレクトに、人材の成長や実務でのパフォーマンスに直結する学びの機会を提供する必要があります。それには、学びの場を現場に近づけていくことが必要になります。

ここでは、営業職からITコンサルタントへの職種転換を行った職場の事例を通じて、学びを実務にどうつなげていくかについてご紹介します。

その会社では、中期経営計画上でＩＴへの投資が積極化される方針が定められ、実際に多くのＩＴプロジェクトが予定されていました。しかしＩＴプロジェクトの担当者が不足しており、採用計画も未達成が続いていました。また、現場におけるＩＴプロジェクトへの風当たりが強い点も問題となっていました。特に営業部門の力が非常に強く、ＩＴプロジェクトへの抵抗が非常に強い状況でした。

一方でＩＴ部門では、真の課題は以下の3点にあると考えていました。

①現場部門が正しく業務要求を出せないこと、②導入したＩＴツールを現場のメンバークラスの人員が使いこなせないこと、③現場のデジタルリテラシーの低さがＩＴ投資の生産性を下げていること。

とはいえ自分たちの力不足も課題であり、とりわけ業務要求を正しくヒアリングして、課題を特定し解決するために必要な機能を絞り込み、ＩＴベンダーを正しくコントロールして、確実に成果を出せるようプロジェクトマネジメントする力が足りていないことも事実でした。特に、営業現場とのハードな折衝を通じて、課題を特定し、要求定義・要件定義などの情報整理を的確に行い、力強く議論をリードすることが求められていました。それは難易度の高いものでした。

社内で人材を育成するにあたっても、ＩＴ基礎知識やプログラミング、インフラ構築といった、いわゆるＩＴ初期教育だけでは足りず、現場に入った後でステークホルダーと対峙するスキルや場慣れ感を得る必要があり、そうして一人前の戦力に育てあげるのに、かなりの時間がかかっていたことが課題でした。

これらを踏まえ、異動者の早期立ち上がりを目的に設定しました。具体的には、3〜5年かかっていた戦力化までの期間を2年以内に短縮することが目標となりました。

そこで、現場折衝で求められるスキルをダイレクトに習得することを基本方針として、複雑性の高い情報を論理的に整理する力、整理した情報をプロジェクト上のドキュメンテーション（業務プロセス図等）に書き起こす力、書き起こした内容を人に分かりやすく説明するプレゼンテーションスキルの習得に重点を置きました。

そうして私たちは、５か月間約４００時間の学習プログラムを組みました。

1か月目：ＩＴパスポート・基本情報技術者試験範囲の基礎知識の習得（模擬試験合格ライ

ンをゴールに設定)
2か月目:問題解決能力のトレーニング(ビジネス上の課題を題材にした、課題仮説に関するMECEなロジックツリーの作成とプレゼンテーションの課題対応)
3、4か月目:プロジェクト企画のトレーニング(過去事例を用いたケースワークによって、ビジネス課題の整理・KPI/ROI設定・スコープ定義作成・業務プロセスAsis-Tobe作成・機能要件作成・プロジェクトスケジュール作成等、及びプレゼンテーション)
5か月目:ITプロジェクト管理のトレーニング(PMBOKに準拠したスキル範囲における品質管理、スケジュール管理、コスト管理、リスク管理、ステークホルダー管理などのケースワーク)

現場の上長は、5か月間の要所要所で各々のアウトプットやプレゼンを聞き、「なるほどAさんはここまでできるか」「Bさんの課題はここにあるのか」「だったらAさんとBさんにはこういう仕事をアサインしよう」などと、早期立ち上がりに向けた適材適所が適宜行われました。

これらのプログラムにおいては、実践的なスキル習得に相当に重きを置き、アウトプットの課題作成やプレゼンテーションの場設定、上長との実務への接続に向けたタイムリーでリアリティある報告などのオペレーションの設計と運用を綿密に行いました。

図2-4 営業職からITコンサルタントへの職種転換の全体像

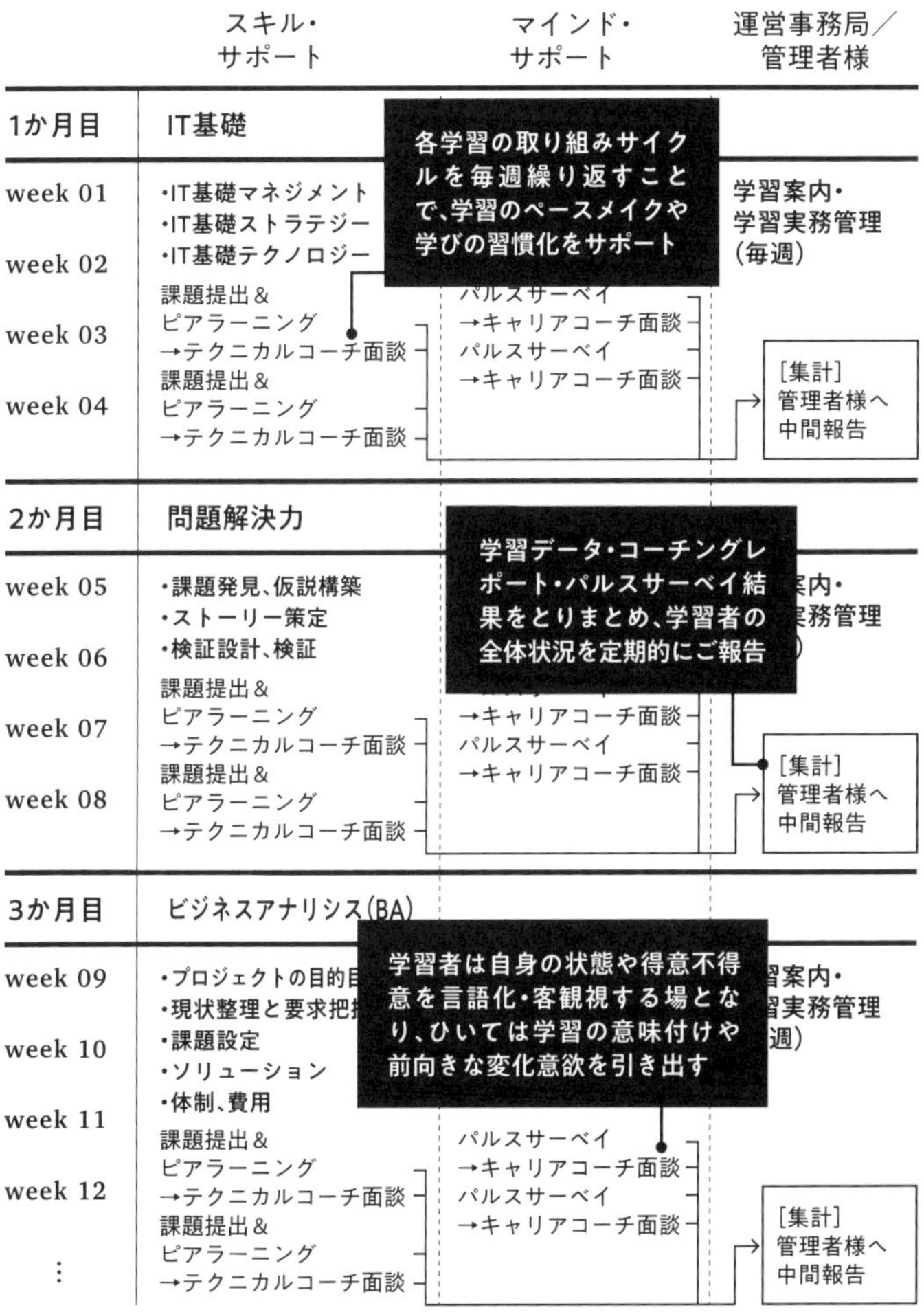

スキル・サポート
マインド・サポート
運営事務局／管理者様
1か月目
IT基礎
各学習の取り組みサイクルを毎週繰り返すことで、学習のペースメイクや学びの習慣化をサポート
week 01
week 02
week 03
week 04
・IT基礎マネジメント
・IT基礎ストラテジー
・IT基礎テクノロジー
課題提出&ピアラーニング→テクニカルコーチ面談
課題提出&ピアラーニング→テクニカルコーチ面談
パルスサーベイ→キャリアコーチ面談
パルスサーベイ→キャリアコーチ面談
学習案内・学習実務管理（毎週）
[集計]管理者様へ中間報告
2か月目
問題解決力
学習データ・コーチングレポート・パルスサーベイ結果をとりまとめ、学習者の全体状況を定期的にご報告
week 05
week 06
week 07
week 08
・課題発見、仮説構築
・ストーリー策定
・検証設計、検証
課題提出&ピアラーニング→テクニカルコーチ面談
課題提出&ピアラーニング→テクニカルコーチ面談
→キャリアコーチ面談
パルスサーベイ→キャリアコーチ面談
[集計]管理者様へ中間報告
3か月目
ビジネスアナリシス(BA)
学習者は自身の状態や得意不得意を言語化・客観視する場となり、ひいては学習の意味付けや前向きな変化意欲を引き出す
week 09
week 10
week 11
week 12
・課題設定
・ソリューション
・体制、費用
課題提出&ピアラーニング→テクニカルコーチ面談
課題提出&ピアラーニング→テクニカルコーチ面談
パルスサーベイ→キャリアコーチ面談
パルスサーベイ→キャリアコーチ面談
[集計]管理者様へ中間報告

一連のアウトプットに必要となる知識のインプットは動画サービスや書籍によって十分に対応でき、いわゆる先生・講師による授業は一切必要ありませんでした。もはや、リアルタイムに講師が話すことと、動画で講師が話すことの差にほとんど体感的な違いがありませんでした。

本気でデジタル化を推進しようとする企業が、よりダイレクトに人材の成長や実務でのパフォーマンスに直結する取り組みを求め、学びの場を現場に近づけていこうとする試みの中で、ＯＪＴとＯｆｆ-ＪＴの境目が曖昧となる方向へ学びのメソッドが向かっています。

こうした各企業が取り組む事業活動や人材育成の大きな流れはどこに向かっているのか、各企業の声をもとに考えると、**事業の価値向上、つまり顧客への提供価値をデジタルの力で再定義して、より良い形にして届けられるよう事業が進化する方向に向かっている**ように思います。

リーダーもまた、顧客への提供価値、事業の価値を創り出す役割の中で、チームのリスキリングを推し進める期待が寄せられています。そして、チームのリスキリングで求められる要素である「実務に近づけた学び」は何を学ぶべきか分からない問題を生み、「はたらきながらの学び」は学びが継続しない問題を生みます。

これらの問題を解決するために、「リスキリングメソッド」をいかに有効活用するかを、本書では紹介していきます。実際に現場のリーダーがいかに活用していけばよいか、次章で詳しく解説していきましょう。

## 第2章のPOINT

■リスキリングを推進するリーダーは、過去の成功にとらわれず、マネジメントスタイルを変えていく必要がある

■リスキリングを推進するリーダーは、現場主体の挑戦と学びを活かす行動が求められる

■リスキリングを成功に導く「リスキリングメソッド」は、4つのステップを通じて、学習継続の課題と実務との接続が実現できる

# 第3章

# ステップ1
# ゴールを定める
# （企画）

ここからは実際にリスキリングメソッドの各ステップを実行するための方法と考え方を紹介していきます。

実際のリスキリングをイメージしてもらうため、「製造DXを成功させたZ社のチームのリスキリングストーリー」を各ステップに挟みながら解説していきたいと思います。

まずは、リスキリングを実行することになったZ社の状況から見ていきましょう。

## Z社のストーリー①

Z社は日本の高度経済成長とともに成長してきたメーカーです。国内外に多くの開発拠点や工場を擁しており、その製品シェアは日本国内ではトップシェアを誇り、世界でもトップ争いをするほどの実力を持っています。

森本は同社の生産技術課の課長を務めています。大学の工学部を卒業した後、新卒としてZ社に入社しました。それ以来、数十年にわたってキャリアを積んできた中堅エンジニアです。学生時代から好奇心の強かった森本は、当時流行していた経営・品質管理手法であるシックスシグマを熱心に学んでいたこともあって、生産技術課での仕事にやりがいを感じています。

その後も好奇心に任せて新しい技術や手法を学び続け、AIなどのデジタル技術にも早くから興味を持ち、技術雑誌や専門書を買ってきては勉強していました。部下にも時折自分が読んでいる専門書を紹介してみたり、飲みに行っては技術談議に花を咲かせたりするなど、部下の成長を願う心優しい上司でもありました。

そんな森本はある日、部長に呼び出されます。製造DXを推進するプロジェクトのメンバーに抜擢されたのです。Z社は国内外に名を馳せる老舗企業ですが、近年は海外競争の激化と技術革新の遅れが目立つようになってきました。

業界全体は、デジタル技術の進化により大きな転換期を迎えており、AIやIoTなどの技術を活かした効率化が急務となっています。同時に企業内では、伝統的な製造方法を守りつづけることを重視する考え方が根強く、デジタル技術を積極的に取り入れることを重視する考え方は主流派ではありません。そうした状況に危機感を抱いた経営陣は製造DXを推進するプロジェクトを組成し、デジタル技術を取り入れる機運を高めようと考えました。

その際、技術の現場が見えづらい経営がトップダウンでＤＸを進めるのではなく、技術の現場がよく見えていて、なおかつデジタル技術への関心が高い組織長を集めることで、各々の現場で製造ＤＸの事例を創出してもらうことになりました。

そのメンバーの一員に森本は選ばれたのです。

森本は課に戻って皆にこのことを話しました。チームメンバーの表情は曇り、反応は芳しくないことは一目瞭然です。

メンバーたちに森本が意見を求めると、あるメンバーはこう言いました。

「会社が新しい取り組みをしなければいけないのは分かりますが、日々の仕事で精一杯なのに、新しい取り組みをする余裕などありません。海外との競争が激しくなっているのも知っています。だから少ない人員で効率的に仕事をするよう求められてきて、今はギリギリの人数で何とか日々の仕事を回しています。それにデジタル技術を活かした新しいことといわれても、何をすればいいか分かりません。デジタルの専門家でもない現場に何かを生み出せと求められても、期待に応える自信がありません」

森本はこの意見がなぜ出てくるのか、よく分かっているつもりでした。年々厳しくなる生産性目標を達成するために、ギリギリの人員で現場を回すことに苦心していたのは他ならぬ森本自身だったからです。

森本はメンバーの意見を受け止め、それ以上そのことについて話しませんでした。森本自身も、自分の中でこのプロジェクトへの向き合い方を自問自答したかったのです。

森本はこのプロジェクトに抜擢されたことに対して、本当はとてもうれしい気持ちを持っていました。学生の頃、シックスシグマに興奮してビジネスケースを読み漁ったこと、ケースの中で革新的な成果を出したエンジニアに憧れたことを思い出していました。その思いは今も変わっておらず、デジタル技術を活かして時代に合った仕事で成果を出したいという意志に迷いはありませんでした。

森本はあらためて、自分には何ができるだろうかと考えました。

森本が担当している業務は生産技術です。その中でも大きな問題を抱えていたのは生産設備の保守メンテナンス業務でした。Z社は製造技術に強みを持ったメーカーで、その強みの源泉は自社開発の生産設備にありました。競合よりも早くて高品質な製造を武器に成長してきたことを物語るように、生産設備数千台のうち約半数が自社開発の設備です。

自社開発の設備は当然自社でメンテナンスする必要があり、設備メーカーに頼ることができません。さらに、日本の工場をモデルとして海外の工場に横展開していることから、メンテナンス技術も海外に横展開せざるを得ない状況にありました。

一方で、メンテナンス技術者の高齢化が進み、後進の育成に遅れが目立っていました。膨大な数の自社開発設備を技術者の勘と経験に頼ってメンテナンスし続けてきた結果、保守メンテナンス業務は崩壊の危機にありました。早くて高品質な製造を武器とする同社にとって、設備トラブルによるラインの停止は非常に大きな痛手になります。予定していた生産個数に達しないことで売上が減少するばかりでなく、納期遵守を求める顧客からのクレーム等の対応など、波及効果が大きいのです。

さらに数年先にはメンテナンス技術者の定年退職が予定されており、技術を継承する時間的余裕も限りがある状態です。森本はこの保守メンテナンス業務のデジタル化を以前から思案していました。ＡＩによる予知保全の導入です。

予知保全とは、機械の故障予兆を捉え、故障を予知して適切な対応を行うことで、故障対応コストを抑えることです。メンテナンス技術者の経験や勘で行っていた予知保全をＡＩによって人と同等以上の精度で行えることが報告されています。ただしこの導入には大きなハードルがあります。ＡＩのモデルをつくり、育てていかなければならないことです。

設備の故障予兆を認識するには、まず設備の挙動に関する情報をセンサーから読み取る必要がありますが、そこで通常の挙動なのか、故障の前触れなのかを判断するためには、学習させ続けることで精度を高めなければ役に立ちません。そのためには現場でＡＩを育てる力を身につけることが求められます。

森本はチームと共にＡＩによる予知保全の実装に取り組む決意を固めました。

# 「何のスキルを学ぶのか」を決める際に重要な2つのポイント

ステップ1は「ゴールを定める」と置いています。このステップにおいて最も重要なことは「何のスキルを学ぶのか」を決めることです。そのために、大切なことが2つあります。

ひとつは、反復的なアプローチを前提に考えること、もうひとつは、「そもそもスキルとは何か」を把握することです。

## (1)反復的なアプローチを前提に考える

リスキリングにおける学びと実務の関係を理解しやすくするために、ここではリスキリングのプロセスを簡単な図にしました(図3-1)。

インプットで何を学ぶのかを決めて、教材を選ぶ、あるいは授業の内容を考えます。学習者がそれらを学習するプロセスを経て、その結果として理解に至った状態がアウトプッ

図3-1　リスキリングのプロセス

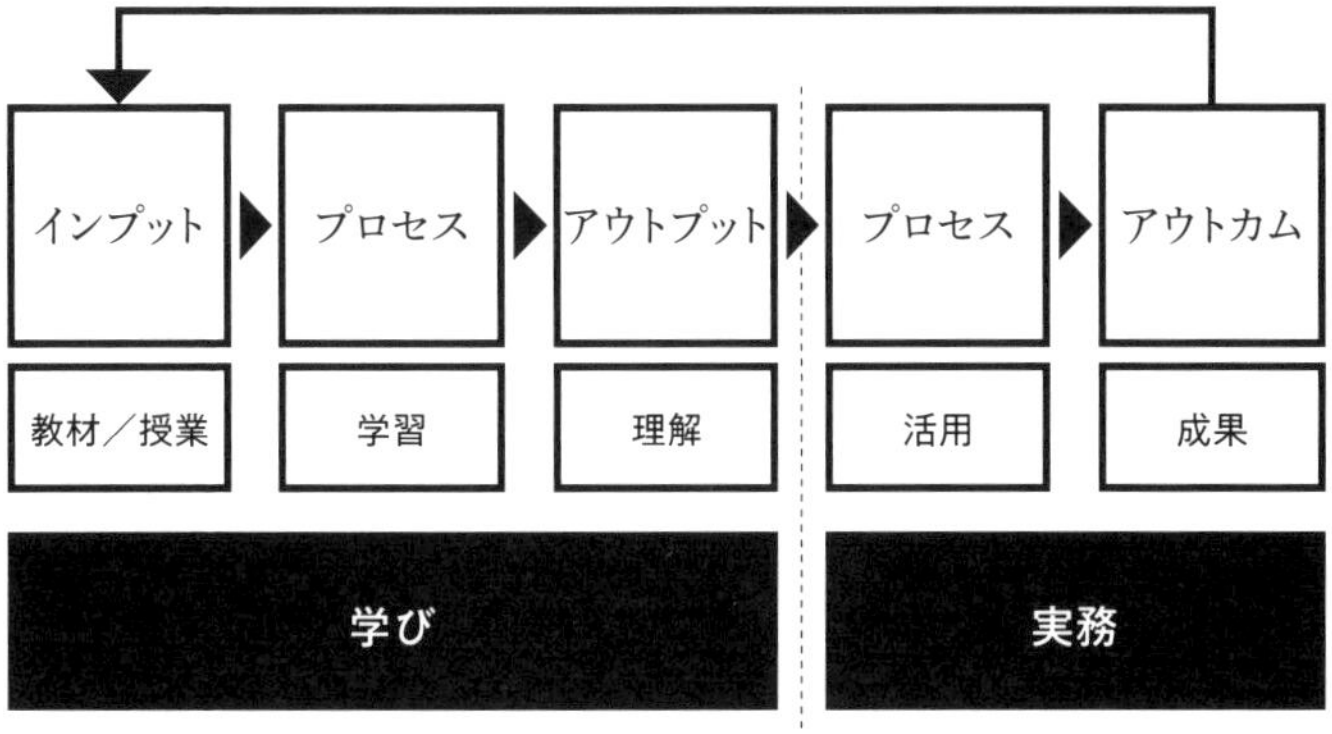


トされます。ここまでが学びの段階です。

続いて、実務に活かす段階に移ります。学び得たことを実務に活かそうとする活用のプロセスを経て、アウトカム、つまり実務での成果に至ります。そして実務での成果が、インプットにフィードバックされていきます。

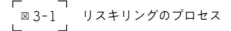

この図で表現しているのは、**「実務と学びをつなげるためには、まず実務と学びをはっきり区別する必要がある」**ということです。なぜ区別する必要があるかというと、実務での成果は学びの結果によるものだけで決まるわけではないからです。

端的にいえば、学んだことのすべてが即座に、実務での成果に直結するわけではないということです。むしろリスキリングを導入した当初は、「学びはしたが日常業務に追われて着手できなかった」「取り組みは行ったが意図したＡＩツールを用意できなかった」「ＡＩツールは用意できたがチームが使いこなせなかった」といったケースのほうが多いかもしれません。

つまり実務における成果は、スキル以外のマインドセット、組織づくりなどの要素が総合的に反映されたものであることを認識する必要があります。

しかし一方で、学びの結果はコントロールが比較的容易です。ＡＩの扱い方や、データの扱い方を学ぶ、という具体的な目標は達成しやすいものです。実務と学びがシームレスにつながった状態においては、学びの結果を上手にコントロールすることで、学びの結果を積み上げ、その先の実務の結果につなげていくことが現実的なアプローチになります。

したがって、**目的達成に向けて実務の成果を追い求めつつ、学びの結果を着実に出していくというバランス感覚が大切です。**成果がすぐに出ないからといって学びをやめてしまえば、チームはリーダーが願ったようには進歩しないでしょう。

一回の短期的な取り組みで目的を達せようとせずに、繰り返し中長期的な取り組みによって目的を達成する認識のうえで、実務の結果を踏まえて、学ぶべきスキルを再設定して、学習の結果を出す。それを実務に活かしてより良い成果を求める。このような反復的なアプローチが、デジタル活用に向かう活動に適しています。

## (2)「そもそもスキルとは何か」を把握する

本項の冒頭で、ステップ1で最も重要なことは「何のスキルを学ぶのか」を決めることであるとお伝えしました。それを考えるためには、「そもそもスキルとは何か」を理解する必要があります。

そこで皆さんが基準として知っておくべきは、**「デジタルスキル標準（DSS）」**です。デジタルスキル標準とは、経済産業省のIT政策実施機関である独立行政法人情報処理推進機構（IPA）が策定したもので、企業のDXを実現するために、人材に求める素養・興味関心・態度、専門的なスキルを定義し、さらには個人の学習や企業の人材育成の指針までまとめてくれています。

自分たちが取り組みたいことは一体どういうことなのか、そのために必要なスキルとはどういうものなのか、何を学べばいいのだろうか。その疑問を解消してくれる大変な優れたものです。リスキリングにおけるリーダーシップを発揮するうえで、強力な武器となることは間違いありません。

ただし、IPAの資料を見ても、網羅性が高く、かつ詳細にまとめられていることから、参考にするには少々骨が折れるかもしれません。そこで本章では、まずはデジタルスキル標準（DSS）を読みこなし、何のスキルを学ぶのかをはっきりさせることを目的に、解説を加えていきます。

デジタルスキル標準（DSS）は、次の2種類の指針から成り立っています。

■ DXリテラシー標準（DSS-L）：全てのビジネスパーソンが身につけるべきスキルの標準
■ DX推進スキル標準（DSS-P）：DXを推進する人材の役割や習得すべきスキルの標準

まずは前者について見ていきましょう。

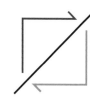

# ＤＸリテラシー標準の全体像

ＤＸリテラシー標準は、図３－２のように全体像がまとめられています。

ＤＸリテラシー標準の構成要素は４つあります。Ｗｈｙ、Ｗｈａｔ、Ｈｏｗという要素が、マインド・スタンスという土台の上に乗っているイメージです。

## Ｗｈｙ：ＤＸの背景

Ｗｈｙとはそのまま、なぜＤＸに取り組む必要があるのか、ＤＸを推進する背景や、ＤＸの重要性を理解するための内容が記載されています。社会、顧客・ユーザー、競争環境の変化に関する知識を定義するとあります。

リスキリングを必要とするリーダーにとって、顧客への提供価値をデジタル活用によってどのように変化・向上させるかは知恵をひねるポイントになります。

図3-2 DXリテラシー標準の全体像

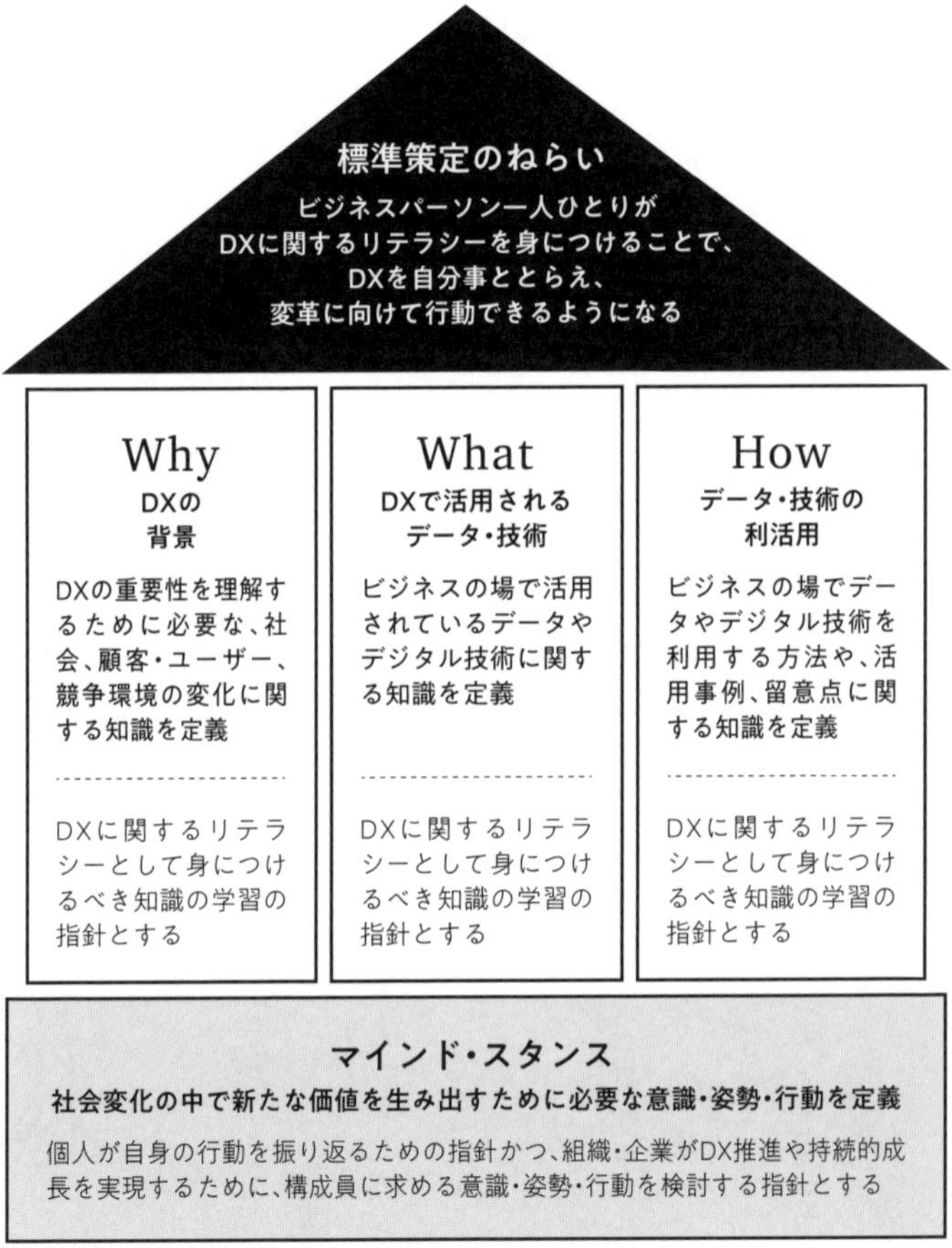
標準策定のねらい
ビジネスパーソン一人ひとりが
DXに関するリテラシーを身につけることで、
DXを自分事ととらえ、
変革に向けて行動できるようになる
Why
DXの
背景
DXの重要性を理解するために必要な、社会、顧客・ユーザー、競争環境の変化に関する知識を定義
DXに関するリテラシーとして身につけるべき知識の学習の指針とする
What
DXで活用される
データ・技術
ビジネスの場で活用されているデータやデジタル技術に関する知識を定義
DXに関するリテラシーとして身につけるべき知識の学習の指針とする
How
データ・技術の
利活用
ビジネスの場でデータやデジタル技術を利用する方法や、活用事例、留意点に関する知識を定義
DXに関するリテラシーとして身につけるべき知識の学習の指針とする
マインド・スタンス
社会変化の中で新たな価値を生み出すために必要な意識・姿勢・行動を定義
個人が自身の行動を振り返るための指針かつ、組織・企業がDX推進や持続的成長を実現するために、構成員に求める意識・姿勢・行動を検討する指針とする

出所:独立行政法人情報処理推進機構『デジタルスキル標準ver.1.1』
「II. DXリテラシー標準　第2章 DXリテラシー標準の構成 DXリテラシー標準の全体像」より作成
https://www.ipa.go.jp/jinzai/skill-standard/dss/ps6vr700000083ki-att/000106872.pdf

## What：DXで活用されるデータ・技術

Whatは、DXで活用されるデータや技術に関する内容です。具体的にはビジネスの場で活用されているデータやデジタル技術に関する知識を定義するとあります。

データやデジタル技術について、少し掘り下げて確認してみます。（図3-3参照）

「データ」とは、データとはどういうものを指してデータを呼ぶのか、データとはどのように扱うものなのか、データによって判断するとはどういうことか、を意味します。

データとはどういうものを指すかという点については、数値だけでなく文字・画像・音声等の種類があることや、それらがどのように蓄積され、社会で活用されているかを知っていること、とあります。

次に、「デジタル技術」です。AI、クラウド、ハードウェア・ソフトウェア、ネットワークに区分されています。こちらはテーマとしてはとても分かりやすいですね。ただ、どの程度の深さで求めているのかが気になります。

## 図3-3 DXリテラシー標準策定のねらい

**ビジネスパーソン一人ひとりがDXに関するリテラシーを身につけることで、DXを自分事ととらえ、変革に向けて行動できるようになる**

### Why
**DXの背景**

- 社会の変化
- 顧客価値の変化
- 競争環境の変化

### What
**DXで活用されるデータ・技術**

**データ**
- 社会におけるデータ
- データを読む・説明する
- データを扱う
- データによって判断する

**デジタル技術**
- AI
- クラウド
- ハードウェア・ソフトウェア
- ネットワーク

### How
**データ・技術の利活用**

**活用事例・利用方法**
- データ・デジタル技術の活用事例
- ツール利用

**留意点**
- セキュリティ
- モラル
- コンプライアンス

### マインド・スタンス

**デザイン思考／アジャイルな働き方**
- 顧客・ユーザーへの共感
- 常識にとらわれない発想
- 反復的なアプローチ

**新たな価値を生み出す基礎としてのマインド・スタンス**
- 変化への適応
- コラボレーション
- 柔軟な意思決定
- 事実に基づく判断

出所：独立行政法人情報処理推進機構『デジタルスキル標準ver.1.1』
「II. DXリテラシー標準　第2章 DXリテラシー標準の構成 DXリテラシー標準の全体像」より作成
https://www.ipa.go.jp/jinzai/skill-standard/dss/ps6vr700000083ki-att/000106872.pdf

「ＡＩ」は、ＡＩの歴史やＡＩをつくるための技術、ＡＩの得意分野や限界、倫理、最新トレンド（生成ＡＩ等）とされています。確かにＡＩには第〇次ＡＩブームといった歴史がありますし、将棋の分野ではかなり前から人間よりも優れた結果を出しているなど、ＡＩが得意とする分野もあります。また、過去の傾向から確からしい答えを出すのは得意でも、未来に向けて文脈を形成するようなジャンルで答えを出すのは不得意ともいわれています。

一方、クラウド、ハードウェア・ソフトウェア、ネットワークについては少し骨が折れそうです。

ここで少しでも実践を意識してもらうために、ChatGPTに聞いてみましょう。

---

質問：ネットワークの仕組み（ＬＡＮ・ＷＡＮ、通信プロトコル）について、中学生に分かるように説明してください。

回答：ネットワークの仕組みを中学生にも分かるように説明すると、以下のようになります：

ネットワークって何？：ネットワークは、コンピューターやスマートフォンなどの機器がお互いに通信するためのシステムです。人と人がお話するように、機器同士が情報を交換するための道路のようなものです。

LAN（ローカルエリアネットワーク）：LANは、学校や家、オフィスなど限られた小さなエリア内で使われるネットワークです。まるで家の中で家族がお話するように、近くにある機器同士が通信するためのネットワークです。

WAN（ワイドエリアネットワーク）：WANは、LANよりもっと広い範囲にわたって機器同士をつなぐネットワークです。例えば、インターネットは世界中のコンピューターをつなぐ巨大なWANです。まるで世界中の人々が手紙やメールでお話するように、遠く離れた機器同士が通信します。

通信プロトコル：通信プロトコルは、機器同士がどのように通信するかのルールです。人が言葉や手紙でコミュニケーションを取るときにルールがあるように、コンピューターも互いに情報をやり取りする際のルールが必要です。たとえば、インターネットでよく使われる「HTTP」や「TCP／IP」といった言葉が、これらのルールを示しています。これらの仕組みを使って、世界中の人々や機器がお互いにつながり、情報をやり取りしているんですよ。

通信を人間同士のやり取りに置き換えて説明してくれました。分かりやすいですね。では続けて、ChatGPTに教えてもらいましょう。

質問：クラウド、ハードウェア・ソフトウェア、ネットワークに関する基本的な理解について、中学生にも分かるように簡潔に説明してください。

---

回答：もちろんです、それぞれの用語を中学生にも分かるように簡潔に説明しますね。
クラウド：クラウドは、インターネットを通じてデータやプログラムをどこからでも利用できる仕組みです。普通、コンピューターやスマホに直接保存する代わりに、インターネット上の「雲」（クラウド）にデータを保存して、いつでもアクセスできるようにします。たとえば、オンラインで写真を保存したり、文書を編集したりするときに使います。
ハードウェア：ハードウェアは、コンピューターやスマートフォンの物理的な部分、つまり触ることができる部品のことです。たとえば、キーボード、マウス、画面、内部のプロセッサ（コンピューターの脳みたいなもの）などがこれに該当します。

ソフトウェア：ソフトウェアは、コンピューターに指示を出して動かすプログラムのことです。これは触ることはできません。たとえば、インターネットブラウザやワードプロセッサ、ゲームなどがソフトウェアです。ソフトウェアがあるおかげで、ハードウェアは役に立つ動作をします。

ネットワーク：ネットワークは、コンピューターやスマートフォンなどの機器が互いに通信するためのシステムです。家の中のＬＡＮ（ローカルエリアネットワーク）や、世界中をつなぐインターネット（ＷＡＮ、ワイドエリアネットワーク）がこれにあたります。ネットワークを通じて、人々はインターネットを使って情報を共有したり、通信したりします。これらの要素は、現代の情報社会を形作る重要な基盤です。それぞれが連携して、私たちの日常生活や学習、仕事において大きな役割を果たしています。

こちらも分かりやすい回答でしたね。

## Ｈｏｗ：データ・技術の利活用

ＨｏｗはＷｈａｔで示したＤＸ推進に必要なデータや技術を、どのように活用していくのか、その方法や、活用事例、留意点を記載しています。項目としては、データ・デジタル技術の活用事例、ツール利用、セキュリティ、モラル、コンプライアンス、とあります。Ｗｈａｔとの違いが分かりにくいですが、ＤＳＳ－Ｌにはその違いがこのように説明されています。

> ＤＸリテラシー標準においては、実際の業務で知識・スキルを利用できるレベル、すなわち手を動かすことができるレベルまで求めるか否か、といった観点でＷｈａｔとＨｏｗを区分している
>
> 出典：独立行政法人情報処理推進機構『デジタルスキル標準 ver.1.1』
> https://www.ipa.go.jp/jinzai/skill-standard/dss/ps6vr7000000083ki-att/000106872.pdf

知識として持っておきたいものがＷｈａｔであり、仕事で利用するうえでの作業や判断において利用してほしいものがＨｏｗであるようです。セキュリティやモラル、コンプライアンスは利用するうえで必須の要素ですし、何をするにも常にどのツールを使うか判断しながら作業していいます。

また、データ・デジタル技術の活用事例を知っているか否かで、自分の仕事における利用シーンを想定できるかどうかが決まるということのようです。

生成ＡＩを例にすると分かりやすいかもしれません。利用シーンを想定できていると、仕事上でそのシーンが訪れるたびに、自然に使うようになります。

たとえば、ChatGPTが一般的に広く使われるようになった頃は、議事録の作成などの文章作成に有効といわれていました。その後、Bingに生成ＡＩチャット機能が実装されてからは最新のＷｅｂ情報を参照できるようになったことで、情報を調べてまとめてレポートにしてくれる使い方が便利だといわれるようになりました。

その後、ChatGPTでエクセルやパワーポイントなどのファイル読み込みができるようになると、膨大な資料の読み込みと要約を代わりにやってくれるようになっています。

このようにツールの理解をすることで、業務のどのようなシーンで活用できるのか、いわゆる引き出しが増えていく感覚を覚えます。その引き出しもまたＨｏｗの一部ということなのだと思われます。

## マインド・スタンス

土台となるマインド・スタンスは、社会変化の中で新しい価値を生み出すために必要な意識、姿勢、行動などが定義されています。個人が自分の行動を振り返るための指針かつ、組織・企業がＤＸ推進や持続的成長を実現するために、従業員や構成員に求める意識・姿勢・行動を検討する指針、となっています。

その構成要素は、顧客・ユーザーへの共感、常識にとらわれない発想、反復的なアプローチ、変化への適応、コラボレーション、柔軟な意思決定、事実に基づく判断、となっています。

ＤＳＳ－Ｌにはこう定義されています。

---

ＤＸの定義にあるサービスモデル・製品の変革を行うためには、困りごとやニーズは、目に見えて分かるものや、今現在困っていることだけでなく、「こうなればいいのに」といった夢・理想なども含めて、顧客・ユーザーの立場からニーズ・課題を捉えることが求められる。

出典：独立行政法人情報処理推進機構『デジタルスキル標準 ver.1.1』
https://www.ipa.go.jp/jinzai/skill-standard/dss/ps6vr7000000083ki-att/000106872.pdf

---

そしてこれに対応した知識体系として、デザイン思考が挙げられます。デザイン思考とはユーザーの視点に立って、自社が提供するサービスやプロダクトの本質的な課題やニー

ズを明らかにし、ビジネス上の課題を解決する思考法です。
デザイン思考は、デザイナーが業務で使う思考プロセスやツールを活用して、未知の問題に対して最適な解決を図る思考法です。デザイナーに限らず全ての人が活用でき、むしろ主に非デザイナーに有効な思考法です。

また、反復的なアプローチについても確認しましょう。新しい取り組みや改善を、失敗を許容できる範囲の小さいサイクルで行い、顧客・ユーザーのフィードバックを得て反復的に改善している、とあります。さらに、失敗したとしてもその都度軌道修正し、学びを得ることができれば「成果」であると認識している、とあります。

たとえば、営業情報を手動で管理しているため、管理ツールを導入したいと考えているとします。従来のやり方からの変更が大きいため、まず一つの支店でのみ実験的に導入し、支店のメンバーにとって、対応が難しかった変更点や抵抗感がある変更点と対策を明確にする、といったアプローチが挙げられます。
これに対応する知識体系としてはアジャイルが挙げられます。アジャイルとは、特にソフトウェア開発の分野で使われる方法で、物事をより柔軟かつ迅速に行うためのやり方です。アジャイルの考え方では、小さくはじめて頻繁に改善することや、柔軟性を確保すること、チームワークを大切にすることが重視され、今日の変化の激しい技術の活用や、複雑な仕事で成果を挙げることに適しているといわれています。

このようにマインド・スタンスは先天的なセンスのみによって形成される類のものではなく、後天的かつ体系的に習得可能なものです。学びの対象として腰を据えて学ぶことで、Ｗｈｙ、Ｗｈａｔ、Ｈｏｗ（ＤＸトレンドやクラウド・ＡＩといったテクノロジー知識、ツール利用の知見など）の理解に深みを与えてくれます。まさに土台と呼ぶにふさわしい内容なのです。

# DX推進スキル標準の全体像

次に、DX推進スキル標準（DSS-P）についても確認しておきましょう。まずは5つの人材類型図をご覧ください。（図3-4参照）

自社に必要な人材を把握することの難しさがあるという課題認識のもと、代表的なDX推進人材を類型化することによって解決を促すために人材類型が作成されたようです。

DSS-Pで対象とする人材は、DXを推進する人材となっています。

先ほどのDSS-Lはすべてのビジネスパーソン（経営層含む）を対象としていたことに対して、DSS-Pは一部の人材を対象にしているという違いがあります。

また、企業活動において「DXのビジョン・戦略」と「人材」は相互に強く影響を及ぼし合う関係にあり、人材に対してはDSS-LとDSS-Pを駆使して確保・育成施策を推進するものと位置づけられています。

## 図 3-4 DSS-P（DX推進スキル標準）5つの人材類型図

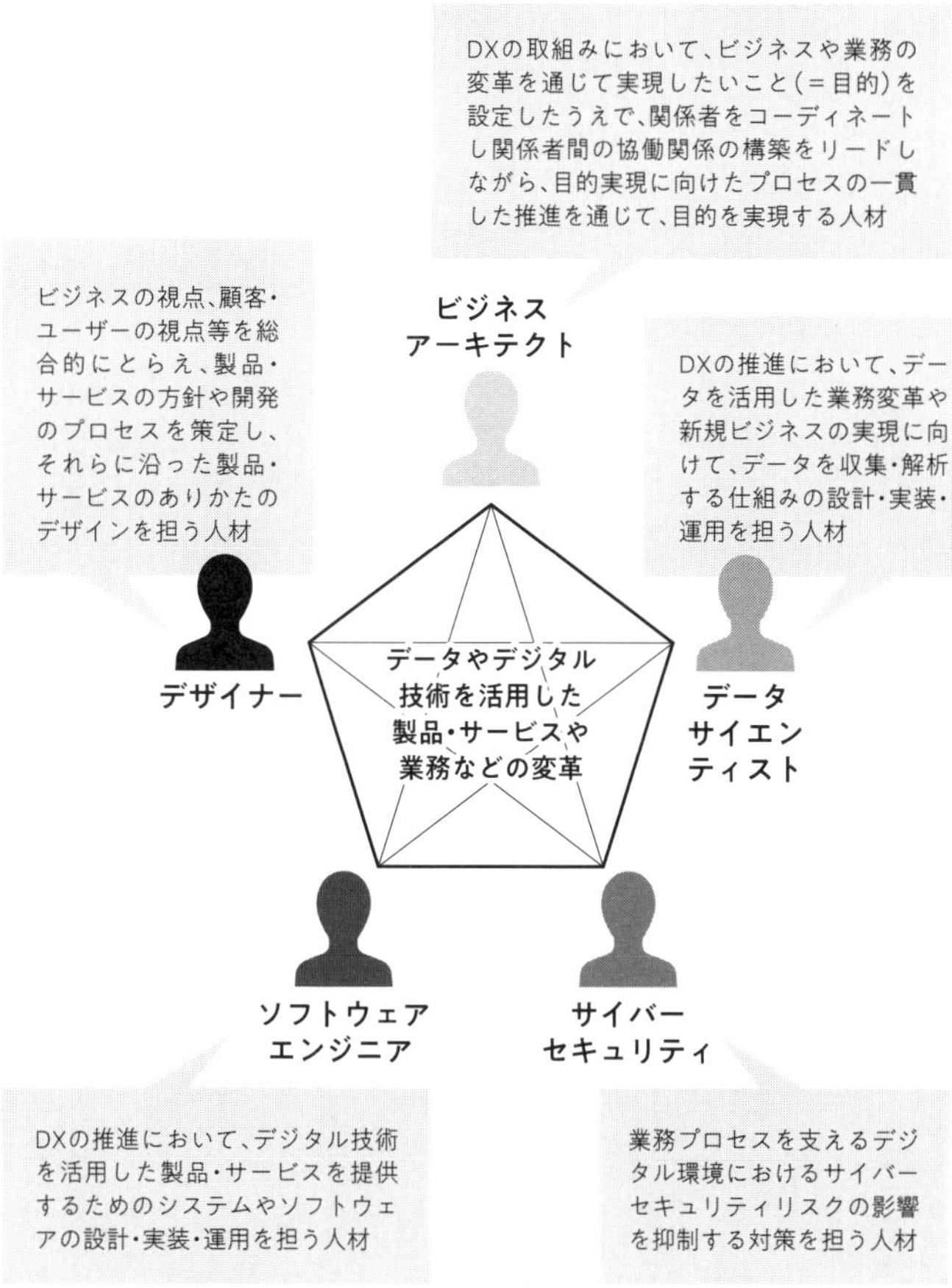
DXの取組みにおいて、ビジネスや業務の変革を通じて実現したいこと(＝目的)を設定したうえで、関係者をコーディネートし関係者間の協働関係の構築をリードしながら、目的実現に向けたプロセスの一貫した推進を通じて、目的を実現する人材
ビジネスの視点、顧客・ユーザーの視点等を総合的にとらえ、製品・サービスの方針や開発のプロセスを策定し、それらに沿った製品・サービスのありかたのデザインを担う人材
ビジネス
アーキテクト
DXの推進において、データを活用した業務変革や新規ビジネスの実現に向けて、データを収集・解析する仕組みの設計・実装・運用を担う人材
デザイナー
データやデジタル技術を活用した製品・サービスや業務などの変革
データ
サイエン
ティスト
ソフトウェア
エンジニア
サイバー
セキュリティ
DXの推進において、デジタル技術を活用した製品・サービスを提供するためのシステムやソフトウェアの設計・実装・運用を担う人材
業務プロセスを支えるデジタル環境におけるサイバーセキュリティリスクの影響を抑制する対策を担う人材

出所：独立行政法人情報処理推進機構『デジタルスキル標準ver.1.1』
「III.DX推進スキル標準　第2章　DX推進スキル標準の構成　人材類型の定義」より作成
https://www.ipa.go.jp/jinzai/skill-standard/dss/ps6vr700000083ki-att/000106872.pdf

つまり、「人材」に関してはDSS－Lのみ対象とする層とDSS－Lに加えてDSS－Pも対象とする層に分けられるということになり、使い分けが推奨されています。

以上から、デジタル活用を志すリーダーは、LとPの双方を理解し、うまく使い分けることで組織を牽引することが望ましいと考えられます。もしかするとDSS－Pは少し込み入った内容かもしれませんが、概要だけでも確認していきましょう。

DSS－Pの構成は図3－5をご参照ください。端的に言ってしまえば、ざっくりと5つの人材類型、さらに細かく15のロールに分けられ、ロールごとに49のスキルで整理されたロールとスキルの定義、ということになります。

また、スキルは大分類、中分類、小分類に分けられています。（図3－6参照）

## ビジネスアーキテクト

ここではビジネスアーキテクト、ソフトウェアエンジニア、データサイエンティストの3つの類型について一緒に見ていきましょう。

## 図3-5 DSS-P（DX推進スキル標準）の構成

- DX推進スキル標準は、5つの人材類型と、その下位区分であるロール、全ての人材類型・ロールに共通の共通スキルリストから成り立つ。
- ロールとは、企業・組織や個人にとって活用がしやすいように、人材類型を業務の違いによってさらに詳細に区分したものである。

| 人材類型 | ロール<br>DXの推進において担う責任、主な業務、必要なスキルにより定義 | 共通スキルリスト | | | | |
|---|---|---|---|---|---|---|
| | | ビジネスイノベーション | データ活用 | テクノロジー | セキュリティ | パーソナルスキル |
| | | スキル項目… | スキル項目… | スキル項目… | スキル項目… | スキル項目… |
| ビジネスアーキテクト | ビジネスアーキテクト（新規事業開発） | 各ロールに必要なスキル | | | | |
| | ビジネスアーキテクト（既存事業の高度化） | … | | | | |
| | ビジネスアーキテクト（社内業務の高度化・効率化） | … | | | | |
| デザイナー | サービスデザイナー | … | | | | |
| | UX／UIデザイナー | … | | | | |
| | グラフィックデザイナー | … | | | | |
| データサイエンティスト | データビジネスストラテジスト | … | | | | |
| | データサイエンスプロフェッショナル | 全人材類型に共通の「共通スキルリスト」から各ロールに必要なスキルを定義 | | | | |
| | データエンジニア | | | | | |
| ソフトウェアエンジニア | フロントエンジニア | … | | | | |
| | バックエンドエンジニア | … | | | | |
| | クラウドエンジニア／SRE | … | | | | |
| | フィジカルコンピューティングエンジニア | … | | | | |
| サイバーセキュリティ | サイバーセキュリティマネージャー | … | | | | |
| | サイバーセキュリティエンジニア | … | | | | |

出所：独立行政法人情報処理推進機構『デジタルスキル標準ver.1.1』
「III.DX推進スキル標準　第2章　DX推進スキル標準の構成　DX推進スキル標準の構成」より作成
https://www.ipa.go.jp/jinzai/skill-standard/dss/ps6vr700000083ki-att/000106872.pdf

## 図 3-6 共通スキルリストの全体像

■ 全人材類型に共通する「共通スキルリスト」は、DXを推進する人材に求められるスキルを5つのカテゴリー・12のサブカテゴリーで整理している。
■ 各カテゴリーは２つ以上のサブカテゴリに分け、1つ目では主要な活動を、２つ目以降ではそれを支える要素技術と手法を、大くくりに整理。

| カテゴリー | サブカテゴリー | スキル項目 |
|---|---|---|
| ビジネス変革 | 戦略・マネジメント・システム | ビジネス戦略策定・実行 |
| | | プロダクトマネジメント |
| | | 変革マネジメント |
| | | システムズエンジニアリング |
| | | エンタープライズアーキクチャ |
| | | プロジェクトマネジメント |
| | ビジネスモデル・プロセス | ビジネス調査 |
| | | ビジネスモデル設計 |
| | | ビジネスアナリシス |
| | | 検証（ビジネス視点） |
| | | マーケティング |
| | | ブランディング |
| | デザイン | 顧客・ユーザー理解 |
| | | 価値発見・定義 |
| | | 設計 |
| | | 検証（顧客・ユーザー視点） |
| | | その他デザイン技術 |
| データ活用 | データ・AIの戦略的活用 | データ理解・活用 |
| | | データ・AI活用戦略 |
| | | データ・AI活用業務の設計・事業実装・評価 |
| | AI・データサイエンス | 数理統計・多変量解析・データ可視化 |
| | | 機械学習・深層学習 |
| | データエンジニアリング | データ活用基盤設計 |
| | | データ活用基盤実装・運用 |
| テクノロジー | ソフトウェア開発 | コンピュータサイエンス |
| | | チーム開発 |
| | | ソフトウェア設計手法 |
| | | ソフトウェア開発プロセス |
| | | Webアプリケーション基本技術 |
| | | フロントエンドシステム開発 |
| | | バックエンドシステム開発 |
| | | クラウドインフラ活用 |
| | | SREプロセス |
| | | サービス活用 |
| | デジタルテクノロジー | フィジカルコンピューティング |
| | | その他先端技術 |
| | | テクノロジートレンド |
| セキュリティ | セキュリティマネジメント | セキュリティ体制構築・運営 |
| | | セキュリティマネジメント |
| | | インシデント対応と事業継続 |
| | | プライバシー保護 |
| | セキュリティ技術 | セキュア設計・開発・構築 |
| | | セキュリティ運用・保守・監視 |
| パーソナルスキル | ヒューマンスキル | リーダーシップ |
| | | コラボレーション |
| | コンセプチュアルスキル | ゴール設定 |
| | | 創造的な問題解決 |
| | | 批判的思考 |
| | | 適応力 |

出所：独立行政法人情報処理推進機構『デジタルスキル標準ver.1.1』
「III.ＤＸ推進スキル標準　第２章　ＤＸ推進スキル標準の構成　共通スキルリストの全体像」より作成
https://www.ipa.go.jp/jinzai/skill-standard/dss/ps6vr700000083ki-att/000106872.pdf

ビジネスアーキテクトは3つのロールで区分されています。新規事業開発と既存事業の高度化、社内業務の高度化・効率化です。

新規事業開発は、新しい事業の目的を見出し、目的の実現方法を策定したうえで、関係者をリードしながら、目的実現に向けたプロセスの一貫した推進を通じて、目的を実現する責任を負う、とあります。

では既存事業の高度化とどう違うのか見てみましょう。既存事業の高度化は、対象が「既存の事業の目的を見直し、再定義した目的の実現方法を策定……」と定義され、それ以下の文章は新規事業開発のそれと同じです。

社内業務の高度化・効率化はどうでしょうか。対象が「社内業務の課題解決の目的を定義し、その目的の実現方法を策定したうえで……」と定義され、それ以下の文章は他のロールと同じです。

求められるスキルはどうでしょうか。

既存事業の高度化のロールを題材に見てみましょう（図3−6）。大分類「ビジネス変革」が最も重要視されているようです。ビジネス変革の中に位置づけられる「ビジネスモデル・

プロセス」では、ビジネスアナリシスのスキルが重要であると定義されています。

ビジネスアナリシスは、製品やサービスの提供に必要な活動の可視化に関するフレームワークやビジネスプロセス関連図や業務フロー図といった要求定義が重要とされています。

また、「データ活用」にある「データ・AIの戦略的活用」の中の「データ・AI活用戦略／データ・AI活用業務の設計・事業実装・評価」のスキルは、KPIや価値の見積りを伴う課題の定義が求められ、さらには事業への実装（実装、評価、改善の仕組み）も求められます。

事例をもとに、各スキルがどのように業務の中で活用されるのかを解説していきましょう。

前章でご紹介した、営業マネジャーの小林さんがAIを活用した事例を振り返ります。

この事例では、最初に業務プロセスを整理していました。

営業プロセスは、①顧客の状態把握、②ニーズ発生タイミングのキャッチ、③ヒアリングの実施、④提案の作成、⑤提案の実施、⑥クロージングと契約に分けられます。

苦戦しているのは②③④です。

特に③④で小林さんがいないと質が下がるが、小林さんが対応するとスピードが遅くなってしまうというジレンマを抱えていました。

この過程をより上手に進めていくためにビジネスアナリシスのスキルは有効でしょう。

また、「問題を解決するために、小林さんの代わりにChatGPTに相談することをメンバーに求めました。また、学んだテクニックや仕事での実践事例を共有するための定例会議も設定しました。生成ＡＩの使い勝手は飛躍的に向上していきました」といった過程をより上手に進めていくために、事業への実装（実装、評価、改善の仕組み）のスキルは有効でしょう。

大切なことは、見慣れない表現のスキルであっても自分たちの業務に引き寄せて考えることです。**実務での目的実現と、学びの計画作成はこの作業の連続なのです。**

リーダーとして実現したいことに対して、どんなスキルが必要なのかを定義し、チームに習得してもらうためには、これらの新しいスキルたちを扱えるようにしていくことが求められます。

## ソフトウェアエンジニア

次は、ソフトウェアエンジニアを見てみます。一般的には、ITエンジニアといえばこの人材類型を指すことが多いため、ITエンジニア職種においてはどのような扱いになっているのかを確認してみましょう。

ロールとしては、フロントエンドエンジニア、バックエンドエンジニア、クラウドエンジニア/SRE、フィジカルコンピューティングエンジニアの4つです。

それぞれ簡単に説明すると、フロントエンドエンジニアは、Webサイトやアプリの見た目と使いやすさをつくる人です。バックエンドエンジニアはWebサイトやアプリの裏側の機能をつくる人で、データの保存や取り出し、ユーザーの情報管理などを行います。クラウドエンジニア/SREはインターネット上のクラウドにデータやプログラムを保存して、Webサイトやアプリがスムーズに動くように管理する人です。

フィジカルコンピューティングエンジニアは現実世界（物理的な活動等）のデジタル化を担う人です。これまでデジタル化されていなかった領域のデジタル化が進むことを踏まえ、現場の物理的な業務とデジタルを橋渡しする役割と設定されています。

たとえば、デジタル技術を活用したサービスの利用者ニーズを理解し、顧客体験価値を向上させるための各種デバイスを含むソフトウェアを設計・実装することや、物理的なデバイスを通じてデータを取得したり、現実に作用をもたらすソフトウェア機能を実現したり、ということが示されています。

これらのロールをより理解しやすくするために事例を用いて読みほどいてみましょう。マイクロソフトが提供するＡＩサービス「Azure」を鉄道の線路保守業務に活用した事例を見ていきます（参照：https://customers.microsoft.com/ja-jp/story/1550796164390921488-tokyo-metro-travel-transportation-azure-jp-japan）。

私たちが日々利用している鉄道は、安全に運行されることが前提となっていますが、その前提をつくる方々がいらっしゃいます。その中でも線路保守の業務を担う方々は、目視による点検を行っておられます。全長２００㎞の線路を地道に歩き、目で確認して、設備の状態を記録していく作業を担っていただいているのです。

しかし、そうした線路保守業務にも、少子高齢化による慢性的な人手不足の影響が襲いかかります。安全という大きな責任と技術者の職人技によって支えられている業務環境は、イノベーションが起きづらい環境にある一方で、現状の物理的なアプローチだけでは現実社会の変化に対応できない切実な問題もあります。

この課題の解決として考えられたのは、人の目と画像を使ったＡＩによる判断の掛け合わせによって、より品質の高い点検業務を実現することです。ＡＩによる判断とは、線路画像をＡＩによって分析し設備の早期異常検知を実現することです。

この事例で作成されたシステムを抽象化・単純化してみましょう。線路画像を撮影するデバイスがあり、画像データをクラウドにアップします。その後、クラウド上でＡＩによる分析が行われ、正常・異常の結果が現場にフィードバックされるというものです。

ここで、ソフトウェアエンジニアのロールを見てみます。

フロントエンドエンジニアは、現場にフィードバックするシーンで活躍します。ＡＩによる異常が分かったのであれば、当然そのあとは人による点検が行われ、異常が確認され補修等の業務に続いていきます。

検査される方が、どんな状況で検知を受け取るのか。受け取った複数の異常検知に対してどれが人の点検済で未点検かを区別して表示できるか……といったように、使い勝手の良いアプリやWebサイトをつくるための活躍が期待されます。

バックエンドエンジニアは、画像データをクラウドにアップすることやAI分析結果をデータ管理すること、点検済みか否かの対応状況のデータ管理することなど、一連の流れの中で多くの役割が期待されます。

クラウドエンジニア／SREについては、クラウド上でAIサービスや異常検知アプリを扱えるように環境設定することや、今後の拡張、例えば線路撮影デバイスからの自動データアップロードやそれに伴って処理するデータ量の拡大に備えるなどの工夫や気配りが求められます。また、このシステムが線路保守業務で利用されるとするならば安定的に稼働するシステムでなくてはならず、常に改善・改良に備えられるシステムでなくてはなりません。


このように、ソフトウェアエンジニアの各ロールは、ITエンジニアを表現する人材類型であることが分かります。加えて、クラウドやフィジカルコンピューティングなど比較的新しい分野の技術を活用することを前提としたロール設定になっていることも分かります。

## データサイエンティスト

データサイエンティストは、ＤＸの推進においてデータを活用した業務変革や新規ビジネスの実現に向けて、データを収集・解析する仕組みの設計・実装・運用を担う人材と定義されています。

ＤＸの成否は、データを効果的に活用できるかに左右されているといっても過言ではありません。本書で取り上げた事例の数々、またニュースで見聞きするさまざまな業界・業種でのデジタル活用事例、行政活動や学校教育など公共活動でのデジタル活用事例、数え上げればきりがありませんが、それだけ社会全体のＩＴ化・デジタル化が急速に進んでいることを表しています。

それと同時に、生成されるデータ量は飛躍的に増大しています。それらのデータを効果的に活用できるかどうかが、企業の競争力や社会活動コストの低減といった具体的な成果を左右することとなります。

それほど重要なデータを専門に扱うデータサイエンティストとは具体的にどのような役割を持っているのでしょうか。

データサイエンティストには、データビジネスストラテジスト、データサイエンスプロフェッショナル、データエンジニアの3つのロールが定義されています。また、どれか一つのロールから始まり、最終的には3つのロールを担えるようにキャリアアップすることが望ましいとされています。

データビジネスストラテジストとは、DXを推進する他の人材類型や自社内の現場部門等と「データサイエンティスト」を結びつける役割です。データサイエンスプロフェッショナルはデータの処理・解析を行いその結果を評価し、事業への知見を生み出す役割を担います。データエンジニアはデータ分析環境を設計・実装・運用する役割を担います。

3つのロールがどのようなはたらきをするものなのか、事例をもとに理解を深めてみましょう。とあるマッチングビジネスを展開する事業において、既存事業の高度化を試みる事例です。

この事業は、マッチングによって生まれた成約に対して成功報酬を得るビジネスモデルです。これまで長年の事業活動の中で蓄積されたマッチングに関するデータを大量に保有しています。これらマッチングの成果、つまり成約数はマッチングの総量とマッチング率によって決まります。マッチングの総量もマッチング率も、仲介する人の数やはたらく時間の長さ、ノウハウによって左右される要素が強く、デジタル化が進んでいませんでした。

しかし、マッチングによって発生した大量のデータを効果的に活用することができれば、これまで以上に多くの顧客にサービスを提供できる可能性があり、また社員のノウハウによる当たり外れのないサービス品質の安定が期待できます。

そこでデジタル化のプロジェクトが立ち上がり、データサイエンティストチームが組成されました。データビジネスストラテジスト、データサイエンスプロフェッショナル、データエンジニアの3人です。

データビジネスストラテジストは、現場部門と共にプロジェクトの目的を設定しました。事業戦略上の課題であった社員数による提供サービスの限界をデジタルによってクリアすることを掲げます。具体的には、顧客への提案数（マッチングの総量）の半数をデジタルによる提案で賄うことと設定しました。

その達成に向けた計画は、PoC（デジタルの提案品質確認：人のノウハウをアルゴリズム化）、開発（デジタル提案のプロダクト開発）、実装（デジタル提案のサービス提供）の3つの段階で構成されています。

PoCフェーズにおける主な活動は、人のノウハウのアルゴリズム化です。データビジネスストラテジストはデータサイエンスプロフェッショナルと共に人のノウハウのアルゴリズム化に着手します。アルゴリズムのモデルはデータサイエンティストが考案します。

統計学にも明るいデータサイエンスプロフェッショナルはマッチングする際にどのような変数を扱うのか、重みづけはどうかなど、現場ヒアリングや過去データの分析を通じて詰めていきます。

過去のデータ分析においては、過去のデータにさまざまなノイズが含まれていることが問題になりました。文字の表記が半角全角でばらついていることや、現場でローカルルール運用されていた記号がそのまま残っていること、項目によっては大半が未入力の状態にあるなど、データを分析する前にクレンジングする必要がありました。

そこでデータエンジニアの出番です。それらのデータを加工しつつも、今後のデータ分析環境における問題点を点検していきます。こうして、デジタル提案のアルゴリズム化が進み、自然な提案ができることを確認したうえで、データの収集と利活用の環境が整備されていくことになります。

この事例に出てくる3つのロールに求められるスキルの傾向についてＤＳＳ－Ｐを確認しましょう。データビジネスストラテジストはデータ・ＡＩの戦略的活用に関するスキルが最も強く求められ、次いでビジネス変革に関するスキルが求められています。

データサイエンスプロフェッショナルはＡＩ・データサイエンスの数理統計や機械学習などのスキルが最も強く求められています。

データエンジニアはデータ活用基盤の設計・実装・運用のスキルが強く求められ、ソフトウェア開発のスキルも求められています。特にバックエンドシステムやクラウドなどのスキルセットが求められているようです。また、先ほどの事例では登場していませんが、デジタル化のプロジェクトを企画し推進するためにはビジネスアーキテクト（既存事業の高度化）を担う人材が事業側に存在する必要があり、データ分析環境の設計・構築にはソフトウェアエンジニアが存在する必要があります。

つまり、データサイエンティストは他の人材類型と協働することで、データを効果的に活用し、組織としての成果を創出することにコミットすることが求められています。

デジタルスキル標準の内容を一緒に見てきました。いかがでしたでしょうか。現場でデジタル活用のテーマを設定し取り組んでみるとき、デジタル活用テーマの着想の助けとなる情報が得られたのではないでしょうか。

また、そのテーマを実行しようとしたとき、誰がどんなスキルを備えておけばよいのかを整理する情報が得られたのではないかでしょうか。


ステップ1では、2つの大切なことがあるとお伝えしました。

ひとつは「反復的なアプローチを前提に考える」こと、もうひとつは、「そもそもスキルとは何か」を知ることです。

チームのリスキリングについてのゴールを決めるときに、デジタル化で成し遂げたい成果（アウトカム）と学びの成果（アウトプット）がダイレクトにつながっていると考えてはいけません。

また、デジタル化で何を成し遂げたいかの目的が曖昧だからといって学びを止めてはいけません。曖昧でもよいので大きな方向性を指し示して、どんなスキルを身につけたいかのイメージを、DSS等を用いて具体化しましょう。

チームがそれらのスキルを習得できるように、何を学ぶのかのゴールを決めましょう。

DSS-Lの範囲でもDSS-Pの範囲でも必要だと思う範囲で構いません。

無理に高い目標を掲げなくても、低い目標でも構いません。AIの歴史を学ぶところから始めても、プログラミングから始めても、ビジネスモデル設計から始めても構いません。「何のスキルを学ぶのか」を決めることで、チームのリスキリングにとって大切な最初の一歩を踏み出すことになります。

---

## Z社のストーリー②

森本はチームと共にAIによる予知保全の実装に取り組むうえで、ソリューションの全体像を考えました。

インターネットで調べた他社事例をもとに、設備に取りつけたセンサーからデータを収集し、クラウド上で分析を行い、現場の担当者に通知するという仕組みを考えました。

その仕組みの構築においては、クラウド環境の構築、データに基づいて故障判定を行うための機械学習モデル、担当者に通知するアプリケーション、少なくともこの3つが必要のようです。

それを踏まえてデジタルスキル標準（DSS）を熟読します。ソフトウェアエンジニア、データサイエンティスト、ビジネスアーキテクトの人材類型が求められ

---

ることが分かりました。

また、先日の会議でメンバーが示した否定的な反応を思い出し、ＤＳＳ－Ｌに定義されているリテラシーの習得、特にスタンスやマインドといった要素は取り組みを進める上で、欠かせないだろうと思いました。

森本は習得すべきスキルの棚卸を行いました。

①リテラシー概要１（ＤＳＳ－ＬのＷｈｙ、Ｗｈａｔを参照し、他社の予知保全の事例をはじめとした製造ＤＸに関するトレンドの理解、最新技術に関する概要レベルの理解）
②リテラシー概要２（ＤＳＳ－Ｌのマインドスタンスを参照し、アジャイル開発手法とデザイン思考に関する理解）
③クラウド技術（ＤＳＳ－Ｐのクラウドエンジニアを参照し、クラウドに対する技術的理解）
④データサイエンス（ＤＳＳ－Ｐのデータサイエンティストを参照し、統計解析等データ分析の知識習得）
⑤データエンジニアリング（ＤＳＳ－Ｐのデータサイエンティストを参照し、Pythonデータ分析の技術習得）

⑥ビジネスアーキテクト（DSS-Pのビジネスアーキテクトを参照し、デジタル技術導入プロジェクトに関する知識習得）

以上の6つを必須スキルと設定しました。

必須スキルの設定を終えた森本は考えます。自分の出した仮説が正しいのか分からない。結局は何を学ぶのが正解なのか分かっていない。このことをどう扱えばいいのだろうか。

実務が忙しい中で、学習コストばかり積みあがって成果が出ない状態になるのは避けたい展開です。成果につなげるには、実務での成功への近道となるように、深く知っておくべきスキルと概要だけ知っておけばよいスキルなど、重要度の重みづけを見極められることが望ましい。

しかし、今の自分には判断がつかないうえに、この会社においてこの手の取り組みを進めるうえでの成功体験がない以上、ある程度試行錯誤を前提とした取り組みにならざるを得ない。

森本は、イノベーションやリスキリングに関する書籍を読む中で、組織や個人にとって成功体験のない領域に挑戦する際には、リスクを回避する発想ではなく、リスクを許容しコントロールするために反復的なアプローチによって、小さなサイクルでの活動を心がけることが重要だと学んでいました。

仮説をもって始め、軌道修正を織り込むことで、この取り組みを成功裏に進めていこうと考えました。

## 第3章のPOINT

- 「学びの成果」と「実務の成果」を区別して学習を設計する
- 習得するべきスキルは「デジタルスキル標準（DSS）」を基準とする
- 自分たちの業務に引き寄せてスキルを考え、チームに必要なスキルを定義する

第4章

# ステップ2
# 道筋を描く
# （カリキュラム設計）

ステップ2は「道筋を描く（カリキュラム設計）」。ステップ1で設定したスキルを習得するための学習方法や学習プランを考えていきます。

このステップにおいて最も重要なことは「どのように学ぶか」「学びの成果をどのように評価するか」です。学習を開始し、継続させるための方法を紹介していきます。

## Z社のストーリー③

森本が置かれている状況は、スキルを誰から学べばよいのか分からないうえに、頼るべき相手もいなければ、拠出できる予算もない状況でした。

外部の研修会社に頼めばいくらでもやってくれるのは分かっています。しかし、それも予算があればの話。そもそもの予算が雀の涙ほども与えられていないのです。

かといって、AIやクラウドなどの最新技術を教えてくれるサービスはとても高そうで、とてもじゃないが頼めそうもありません。

肝心なのは、うちのメンバーが知識やスキルを習得できるかだ。授業動画を用意したとしてその目的は果たせるのだろうか。学習効果を確認することについてどう扱えばいいのだろうか。
森本は頭を悩ませていました。

## 学習コンテンツを活用する

インターネット上では最新技術にアクセスできるだけでなく、最新技術を分かりやすく解説する動画を無料で閲覧できるサービスが数多く存在します。特に、Udemyなどのオンライン学習サービスでは、授業動画を数多く提供するだけでなく、その授業の信頼性を担保してくれる仕組みがあり、多くの大企業で導入・活用されています。

また授業動画には、実際のクラウド画面を示しながら、どういう仕組みになっているのかを口頭で説明を受けることで、イメージを持ちやすいメリットがあります。

一方で、書籍は、章立てや図表、文章での解説となるため、体系的で構造的な理解を促すことができます。そのため、資格試験での知識習得に向いています。

書籍と授業動画の特徴を理解し、併用することで、講師がいなくても希望の学習を再現することができます。

## 学習効果を客観的に確認する

チーム内でのリスキリングを推進していくうえで、現メンバーが知識やスキルを習得できるかどうかが重要になります。

リーダー自身の専門領域であれば、メンバーの誰がどれだけ分かっているのか手に取るように分かるでしょう。ただし、新しい技術に関しては状況がまったく異なります。誰がどれだけ分かっているのか判断がつかず、一人ひとりの理解に合わせた評価も難しくなってきます。

そのため、**勘や経験に基づく判断が難しいような新しい技術に関する取り組みにおいては、客観的な事実に基づいて判断することが大切**です。

特に学習においては、学ぶべきことを学べているか、課題の提出有無やその成否について確認することが望ましいといえます。

授業動画で正解が示されていることや、チームで学ぶ中での課題の出来不出来を仲間同士で評価し合えば、ある程度の状態把握は可能になります。

これは、誰かが突出して優れたスキルを持っていて、それをメンバーに教えるというこれまでの徒弟制度のような構図ではなく、全員が新しい技術を学ぼうとする構図に変わることを意味します。

**すなわち、先輩後輩、役職有無関係なく、出した課題に対しての評価が客観的に下され、正解不正解を単なる名誉不名誉で捉えず、新しい技術を学び実務に活かそうとする探求心を全員で育てるように学びの場を仕向けることに**なります。

上司である自分が間違えて、恥ずかしい思いをすることもあるでしょう。年長者のベテラン社員が若い新入社員に教えられることもあるでしょう。

そういうものだと受け止められなければ、恥をかくから課題は出さない、苦手だから場に出席しないなど学びを止めてしまうことも起きるかもしれません。

ただ、**実務においての変革を成し遂げようとする組織が、学びの段階で変化に適応できなければ、変革は成し遂げることは難しい**でしょう。

分かっているかどうかを客観的に組織が把握しながら進めることは、組織の中にパラダイムを変化させるうえでも効果的なのです。

## 効果的な学習計画を設計する

実際に学習を進めるにあたっては、どのように進めていくかという計画が重要です。以下のポイントを念頭に、学習計画を考えていきましょう。

### （1）日常業務に組み込めるアウトプット機会の設計

基本的には、業務時間内での学習となるので、1日30分程度に収めるなどの視点が必要です。また、Udemyなどのオンライン学習サービスを使えば、いつでも好きなときにアクセスして、授業を受けることができます。それぞれの業務の中で、全員が一緒に講義を受けるといった方法以外の選択肢をとることができます。

一方で、アウトプットは、課題の発表を通じて相互の学習進捗や理解状況が把握できるように、会議室に集まって行うことが効果的です。この頻度については、頻度が高すぎると実務とのバランスが取りづらくなり、低すぎると学習のペースをつくりづらくなります。

たとえば、1週間おきのアウトプット機会とすると、実務が立て込んで時間がとれない週があったときに調整を効かせにくくなります。一方で、1か月以上空けてしまうとコンスタントに学ぼうという動機が薄れてしまい、普段から学びを意識することが難しくなりがちです。

また、ドイツの心理学者であるヘルマン・エビングハウスが提唱した忘却曲線において、特に中期記憶（長期記憶）に対する時間の経過と記憶の関係を表した曲線では、早く復習し、覚えたことをアウトプットすることが記憶の定着に効果的とされています。

こうしたことを意識しつつ、実務調整が可能な範囲で頻度を設定することが大切です。

## （2）ピアラーニングの機会の設計

ピアは「ともに」、ラーニングは「学ぶ」、つまり「ともに学ぶ場」という意味です。

ピアラーニングは、もともとは学校教育の現場で活用され始めた学習形態です。学校の授業のように教師が登壇し生徒に授業をするのではなく、生徒どうしが協力し学びの場を構築するという、生徒の主体性に任せた学習形態です。

本格的なピアラーニングには学習テーマに応じた入念な設計がありますが、ここでは簡易的に、学習内容や学び得たこと、不明点をチームで共有し、相互の学習進捗を認識することで、学習にリズムを生み出すことを第一の目的とします。

不明点を補足しあうことや、共通した不明点を解消することなど学びの成果を高めることが第二の目的となります。

最適な人数は5名1チームの単位。相互コミュニケーションによる一体感の醸成に妨げのないよう配慮します。

こうして学習の枠組みを設定し、2週間に一つの課題を皆でクリアすることを繰り返すことを通じて、学びが日常の業務に加えられることになります。

皆が学びのペースに慣れて、心理的負担を感じにくくなり、学んでいないと不安になるような、学びにリズムが生まれる状態を目指します。

---

## Z社のストーリー④

何を学ぶのか、どうやって学ぶのかについて思案した森本は、学習する組織のメンタルモデルの構築と、ともに学びの取り組みを進めていく必要性を感じました。

最初から完璧なカリキュラムなど作れないことを許容して、反復的なアプロー

---

チで試行錯誤を繰り返すことで、生産技術課のデジタル活用力を高めていく取り組みを組織が主体的に理解し参画すること。

最新技術を教えてくれる生身の先生に頼るだけでなく、インターネット等の文明の利器を使えば自ら学べるのだという常識にとらわれない発想を持つこと。

分からないことを不名誉だと思わずに未知に向かって建設的に取り組むためにも学習成果に対してうやむやにせずに事実に基づく判断を大切にすること。

学習する組織に求められるこのようなメンタルモデルの獲得が、このリスキリングプログラム成功のカギになる、そのように森本は認識を新たにしました。

そういった考え方のもと、森本が立てた学習計画はこのようなものです。

はたらきながらの学習なので、1日30分程度に収めるように設計。

Udemyなどのオンライン学習サービスを使えば、いつでも好きなときに授業が受けられます。その特性を活かして、インプットについては集まって行わないことにしました。

アウトプットの機会は、普段の業務を鑑みて2週間ごとに設定しました。

そして、その会議を「ピアラーニング」と名づけました。

2週間に一つの課題を皆でクリアすることを繰り返すようにすることで、学びが日常の業務に加えられるように工夫しました。

これは最初の1か月が勝負だな、森本はメンバーの顔を想像しながら運用のイメージを固めていきました。

## 第4章のPOINT

■ 立場や役職に関係なく客観的に学習を確認することが、ともに学び実務に活かそうとする探求心につながる

■ 実務と学習効果を踏まえて、習慣的なアウトプットの機会を設計する

■ アウトプットの機会は、会議室などに集まって実施し、相互の学習進捗や理解状況を把握できるようにする

# 第5章

# ステップ3
# 導く（学習伴走）

ステップ3は「導く（学習伴走）」。

ステップ1で学ぶスキルを明確にし、ステップ2でどのように学習していくのかを設計してきました。次は、実際に学習を継続させ、運用していくステップとなります。

メンバーそれぞれにリスキリングの取り組みを自分事化してもらう、設計した学習イベントを実施するなど、メンバーへの日々のかかわりが重要になってきます。

ここでは、特に以下の取り組みについて紹介していきます。

**①学習キックオフの対話を実施する**
**②学習に関心を寄せる**
**③専門スキル習得のために専門家を招く**

---

## Z社のストーリー⑤

森本は生産技術課のメンバーを集めました。メンバーを前に森本はリスキリングプログラムを提案していきます。森本の話を神妙な面持ちで聞くメンバーについて、この物語に深くかかわる特定のメンバーについてご紹介します。

---

## 加藤（ベテラン社員で森本の先輩）

加藤はベテラン社員です。入社年次から数えれば加藤は森本の先輩になります。職人気質で寡黙、ぶっきらぼうなコミュニケーションをとりますが、根は優しい――そんな人物です。彼は、「Z社の製造が世界と戦う武器になる」という自負の中で生きてきました。

Z社の躍進の姿を間近で見続けてきたこと、躍進の立役者は製造だと誇りを持ってきたこと、今は引退した当時の先輩方と熱くはたらいてきたことから、その先輩方から受け継いだ現場の誇りを大切にしています。

森本の話は、7割くらい理解できません。理解しようと努力はしていますが、意味の分からない単語が2、3続くと、ついていけません。ただ、森本が言いたいことは分かります。

若い頃からAIやら何やらを勉強してきた森本なりにちゃんとした考えがあってのことなのだろうし、会社を良くしたいと思ってのことなのだろう。だから応援してやりたいと思っています。

そう思ってはいますが、意味の分からない単語が連発する森本の話に閉口してしまっている加藤の顔は、苦虫を嚙み潰したようです。

　そんな加藤の顔をチラチラ見ながら森本の話を聞いているのは近藤です。

**近藤**（若手ホープ。入社以来森本とともに働いている）

　近藤は生産技術課の若手のホープです。近藤は入社以来ずっと森本に教育されていることもあり、感謝と尊敬の念を森本に寄せています。

　考え方も森本に影響を受けており、イノベーションやテクノロジーに関する書籍はたくさん読んできました。森本が薦めた本は、その日のうちにインターネットで購入し、翌日から読み始め、1週間後には森本に感想を報告する、というのが彼にとってのルーティンになっているほどです。そのおかげもあって、テクノロジーのトレンドやスタートアップを含む各企業の動向に関する情報はひととおりキャッチアップしており、森本の良き話し相手にもなっていました。

　森本がチームのリスキリングを推進し、テクノロジーによるチャレンジを志すことを、近藤は待ち望んでいました。

　ただ気になるのは、森本の取り組みに対するベテラン社員の反応です。現場への影響力のあるベテラン社員が反発してしまえば、取り組みを進めづらくなることは目に見えています。加藤の渋い顔を横目に見ながら、森本を支えることを決意します。

**山田（中途入社。冷静で合理的な考えを持つ中堅社員）**

冷静で合理的な考え方を持つ山田は、社会人年次は森本の後輩にあたりますが、中途入社組でもあることから、新卒組同士の先輩後輩といったウェットな関係性には一定の距離を置いています。

森本の話を聞く中で、最も気になっているのはカリキュラムです。データ分析の専門家もいないチームの中で、データ分析の素人である森本が考えたカリキュラムで学んだところで学習効果を望めないだろう。忙しい業務の中でそういったお遊びをどこまで本気でやるつもりなのか。

つまりは、「面倒なことを言い出したな」というのが本音です。

論理的で合理的な山田にとって、手戻りするようなやり方は好みではなく、労力に見合う成果が出ないのであればやらないほうがいいと考えています。

もっと言えば、会社が本当にデジタル活用を目指すなら、こんな中途半端なことはしないはずです。教育が目的なのか、ＩＴ投資が目的なのか、よく分からないプロジェクトを立ち上げて、それでなくても仕事に追われている現場の課長に丸投げするなんて……だから管理職になりたくないんだよ、と内心の愚痴は止まりません。

「このプロジェクトは早晩ダメになって、何事もなかったように終わるはずだ。本格的にデジタル活用を行うときには、コンサルタント会社やシステムインテグレータが乗り込んできて具体的な取り組みをするはずだ」山田は心の中の愚痴のついでに、未来をそう予想していました。

とはいえ、表立って反発するのも得策でないので、様子を見ることにしていました。

# 学習キックオフの対話を実施する

## 学習伴走のポイント①

リスキリングプログラムを進めるうえで大事なことは、自分事化してもらうことです。「組織が取り組むべきことであって、自分の話ではない」という他人事の捉え方になってしまうと、学習という自分のために行う活動に本腰が入らないのです。

リスキリングプログラムは、学習成果に対して事実に基づく判断を適用するので、本人のアウトプットを求めるうえに、そのアウトプットをもとに話が進んでいくことになります。そのため、そのアウトプットの責任は自分で負わなければなりません。

自分事にならざるを得ないというプログラムの特性上、他人事という捉え方をしているメンバーは早晩、矛盾を抱えてしまうことになります。

そこで、**本人のキャリアについて本人のためだけに会話をする機会を設けることは、組織にとって、リーダーにとっての明確な意思表示になります。**

当然、キャリアについて突然話をすると、寝耳に水でまともなキャリアプランニング、キャリアデザインができないケースも多々あるでしょう。それでもかまいません。新しい技術の習得に向けての学びを通じて、知識やスキルが自分のものになってはじめて、実感を抱くこともあるからです。何も学ばないうちから面談だけをして、海のものとも山のものとも知れない新しい技術を習得してどうなりたい？　と問いかけても、本人のイメージが湧いていない状態で、なおかつ机上で考えたキャリアビジョンは大して当てにならないことは明白です。

つまり、この学習スタート時の面談の目的は2つあります。

ひとつめは、**自分事化する必要のある取り組みであるというメッセージを、期待と共に明らかにすること**です。

ふたつめは、**これからの学びを通じて自分はどうなっていけるのだろうか、どんな貢献ができるのだろうかということを考えるための問いを立てること**です。

# 学習に関心を寄せる

## 学習伴走のポイント②

メンバーが学習を開始し、継続するためにリーダーがすべきことは、メンバーの学習に関心を寄せることです。

受験をする子どもを応援する親の態度として、関心を寄せることがとても効果的だといわれています。勉強をしなさいと言っても子どもはなかなか言うことを聞かず、いつまでもテレビやYouTubeを見ている。一方で、親が勉強を好み、子どもが学んでいる内容に興味関心を持てば、おのずと子どもは勉強に向き合うようになる、というのです。

実際に私自身も子育てにおいて同じような経験がありました。子どもは、つるかめ算の解き方を覚えて練習問題をたくさんやらなければならず、面倒だ、できない、という状況になっていました。そこで私は、子どもと一緒につるかめ算の問題を解きはじめました。ときに子どもに教えてもらい、つるの足の数とかめの足の数の違いから、それぞれの頭数を類推する考え方を、子どもとともに習得していきました。そして、問題を作って出しあう遊びをするまでになりました。

気がつくと、子どもはつるかめ算が好きになり、勉強に興味を持つようになりました。

自分のやるべき学習に対して、関係の深い人から強い関心を示されると、それに導かれてより関心を示すようになる。また一緒になって学ぶことで、知りたいという好奇心や分かったという達成感を共有することでき、それが学びの喜びになるのです。

教えるでも、強制するでもなく、関心を寄せること。

メンバー一人ひとりに合わせて関心を示すことで、学習を伴走していきましょう。

# 専門スキル習得のために専門家を招く
## 学習伴走のポイント③

プログラミングやデータ分析など、専門的かつ答えがないことを学ぶ際に、専門家を招聘するということも重要です。

プログラミング未経験者であるチームメンバーがプログラミングの記述ルールやプログラミングに用いるツールの基本的な操作方法を習得する。さらに、複雑な処理を行うためにデータとデータ処理をまとまりで扱うオブジェクト指向という考え方を理解する。そして、オブジェクト指向を理解したうえでデータ分析に用いられるライブラリを使って実際にデータ分析を行う。

このような取り組みは、素人だけで行っていくのは難しく、専門家によるコーチをしてもらうことで、効率的に進めることができます。

専門家に求めるのは、ヘルプデスク機能と師匠機能です。

ヘルプデスク機能は文字どおり、ＰＣやソフトウェアを扱う際の取り扱い説明や原因不明のエラーへの対処をお願いすることです。初学者の学習では、この手の初歩的なエラーによって学習が崩壊してしまうリスクがかなり高いので、注意しなければなりません。

師匠機能は、答えがないことを学ぶときに、考え方を示してくれる存在として関わってもらうことです。

たとえば、Pythonは実行できるかエラーとなるかを分けるプログラミング記述上のルールがあるので、不正解が存在していますが、絶対的な正解はありません。目的が叶っているのであれば、どのようなプロセスをたどっていようとも不正解ではありません。しかし、明らかに筋が良い悪いということがあるであろうことは素人目にも明らかです。ここがプログラミング学習の難しいところです。

同じことがデータサイエンスにもいえます。データから何かの知見を導き出したいとしたとき、分析手法の手順やルールを誤ってしまえば、間違った結果が出てしまう明確な不正解があります。一方で、分析手法としてクラスター分析を使うのか主成分分析を使うのかは、必ずしも正解は一つではありません。

両者に共通していることは、何を目的にどういう狙いや考えをもってこの判断をしているのか、あるいは技術的なプロセスを踏んでいるのかが大事だということです。

課題として各自が自作するプログラミングの成果物に対してのフィードバックを通じて、自分がたどったプロセス・考え方を、師匠がたどるプロセス・考え方を真似ることによって理解を深めていく学習が必要になります。

## Z社のストーリー⑥

森本は実際に学習を開始する前に、メンバー一人ひとりと面談を行いました。目的はこの取り組みに対する感想と一人ひとりのキャリアとの紐づけについて会話するためです。

面談しておいて良かった……これは面談をひととおり終えてみての森本自身の感想です。

加藤、近藤、山田、それぞれ予想どおりの反応でした。加藤は気難しいところがある先輩ですが、主旨には賛同してくれて、応援してくれようとしていました。しかしこれは加藤にとって森本を応援するような他人事ではなく、自分自身の変化に向けた自分事として捉えるべきなのです。面談を通じて、加藤の口から出たのはこのような話でした。

「次の若い世代が新しい技術で良い会社になるよう頑張ってもらいたい、自分はもう今さら何かを学んで新しい仕事を覚えようとは思わない、せめて目の上のたんこぶにならないよう邪魔せず応援したい」と。

そんな加藤に森本はこんな言葉をかけました。

「誰も期待していないと思っているのかもしれませんが、私は加藤さんに期待しています。

うちが新しい技術に振り回されずに、うちらしく成長するには加藤さんの知恵と経験が必要だからです。学ぶのはしんどいかもしれないが、思いっきりやってほしい」

加藤は黙っていました。森本はこれでよいと思っていました。加藤は正面から正しいことを言えば響く人だ、分かってくれる人だと信じていたからです。

山田も面談して良かったと思えるメンバーでした。案の定、様子見を決め込んでいるような当たり障りのない反応でした。一方で、山田は普段から生産技術は合理的なプロセスに改善すべきだと考えており、設備保守に関しても属人的な問題があることを以前より心配していました。それを知っている森本は山田に言います。

「合理的な考え方はデジタル活用を進めるうえでは欠かせない資質ですし、既存の業務プロセスを客観的に分析してデータを活用することも、デジタル活用においては必須です。

その点で、山田さんはデータサイエンティストの役割を担う適任者だと考えています。生産技術のスキルにデータサイエンティストの役割を加えたキャリアは、今後のデジタル化の時代において有用ではないでしょうか」

森本はそう言うとDSSの資料を手渡します。中途入社者としてスキルとキャリアこそが身を助けると信じている山田に対して、森本はキャリアの話を正面からぶつけたのでした。

近藤との面談は非常に白熱したものになりました。近藤自身のキャリアの話、加藤や山田をどう巻き込むかの話、カリキュラムの作り込みについての話など、さまざまな議論をしました。そんな近藤との会話を通じて、森本がふとDSSの人材類型を見返すと、近藤はビジネスアーキテクトの資質があるのかもしれないと思ったのです。戦略・マネジメント・システムへの視点が若くして備わっており、それはZ社のこれからの挑戦には欠かせないものであり、また希少性の高い資質に思えました。

期待する若手の新しい可能性に気づく良い機会になったのです。

こうしてリスキリングプログラムの学習がスタートしました。最初のテーマはリテラシー概要1（DSS-LのWhy、Whatを参照し、他社の予知保全の事例をはじめとした製造DXに関するトレンドの理解、最新技術に関する概要レベルの理解）です。

このテーマに対して自由に学び、2週間後のピアラーニングで学び得たことを報告することになりました。①調べたことを仲間に教える形で発表すること、②パワーポイントかワードでまとめること、③DSSをひととおり読むこと、以上の3つの条件が与えられました。

開始から1週間ほど経過した頃、森本は皆の学習が進んでいるのかとても気になっていました。それとなく各メンバーに声をかけてみたところ、順調だと答える人も、仕事が忙しくて困っていると答える人もいます。順調かそうでないかは半々くらいでしょうか。難しいかと聞くとそうではない様子で、時間がとれない、ということでした。

思えば、日常的に腰を据えて勉強するということをやってこなかったわけですから、いつどんなふうにやればいいか、イメージが湧かないのでしょう。

時間をとっているメンバーは、いつどんなふうにやるかをある程度決めて取り組んでいる傾向がありました。朝一番の始業前の時間を充てていたり、週末や定時後のジムで走りながら授業動画を聞いていたりなど、人によってさまざまでした。

順調でないメンバーに対しても関心を払い、求められればアドバイスはすれども強制や介入を極力することなく接するように心がけました。


2週間後、ピアラーニングが行われます。森本はファシリテータとして参加しました。5名1チーム60分で行い、一人の持ち時間は7分、目安として5分発表、2分質疑応答とし、ひととおりの発表が終わったらホワイトボードに発表内容をまとめて、チームとして学び得たことを整理します。

最初は近藤から発表します。3つの事例を挙げ、各々に対して設定されたビジネス上の課題、ソリューションの構成、求められるスキルを整理するといった内容でした。
森本も舌を巻くほどの大作で、加藤も山田も唖然としています。やる気に満ち溢れた近藤の渾身の発表を終え、次は山田の発表です。

---

山田はあるひとつの事例を挙げ、そこからデータ活用の観点について深く調べていました。どんなデータを取得し、どのように活用するのか、データ分析のための手法や技術基盤などです。面談でデータサイエンティストの話をしたことが響いたのでしょうか。無駄のないドキュメント、プレゼンも山田らしい優れたものでした。

最後の発表者は加藤でした。森本と近藤は加藤の発表を、固唾を飲んで見守ります。加藤の発表はIPAのHPにあったDX事例のPDFをダウンロードし、それをプロジェクターで照射して行われました。
設備トラブルに追われて時間がとれなかったとの説明とともに、照射されたPDFの事例を要約する形でのプレゼンでした。近藤、山田と素晴らしい発表が続いた後で、加藤が気まずい思いをしていることは誰の目にも明らかでした。

---

「トラブル対応お疲れさまでした、次は加藤さんらしい課題を楽しみにしていますね」と声をかけて、その場を収めることにしました。

初回のピアラーニングでは、予知保全の他社事例に加えて、ソリューションの全体像、データ分析の基礎知識、求められるスキルまでひととおりの情報が出そろうことになりました。何よりも手ごたえを感じたのは近藤と山田の学びです。自分で調べたことで誰かに教えてもらうよりもはるかに深く理解している状態になっていると感じたからです。また、加藤へのフォローが必要なことも明らかになったこともある意味では成果でした。

次は、②リテラシー概要2（DSS-Lのマインドスタンスを参照し、アジャイル開発手法とデザイン思考に関する理解）について2週間後のピアラーニングに向けて、学びが進んでいくことになります。

森本は加藤と話すこととしました。話した印象は、先日のピアラーニングでのことについて、決して反発しているわけでもなさそうで、ただ申し訳なさそうにしていました。

その証拠に、森本と話す直前まで次の課題について調べていたようで、どんなことを調べたのかについて話してくれました。森本はその調べた内容の是非については触れずに、取り組みへの賛同に感謝すると同時に加藤への期待をあらためて伝えました。

加藤には森本の期待に応えようとする意志が芽生えていました。それは、頻繁に声をかけてくれて、責めるでもなく期待をかけてくれている森本の態度がそうさせていたのです。

森本の関心を寄せて見守る態度と定期的に声をかける行為が、加藤の中で、次に声をかけられたときには学びが進んでいることを伝えたい、期待に応えたい、失望はさせたくない、という心理を生んでいました。

教えるでも、強制するでもなく、伴走するということを意識していました。

このことが、加藤への自然な対応につながりました。

②リテラシー概要2（DSS-Lのマインドスタンスを参照し、アジャイル開発手法とデザイン思考に関する理解）のピアラーニングはスムーズに終えることができました。

加藤からも積極的な発表が行われました。現場の保守技術者をユーザーと見立てて、ユーザーにとってより良い取り組みにしたい、そのためにはデザイン思考の考え方をうまく使いたいという貴重な意見が出され、近藤も山田も大いにうなずきました。

そして、③クラウド技術（DSS-Pのクラウドエンジニアを参照し、クラウドに対する技術的理解）については、クラウド認定資格の模擬試験で理解度を測ることとなりました。

初級の資格試験であれば2週間～1か月程度の学習で合格水準まで到達することができます。皆は書籍と授業動画を併用し、知識習得を効率的に行っていきました。

またUdemy上で模擬試験を受験することで、自分の実力を得点として知ることができました。これには森本も参加して行い、ピアラーニングで得点を共有しました。正答率70％以上が合格ラインの試験に対して、山田は最も高い得点で合格、次いで森本がギリギリで合格、近藤はギリギリで不合格、加藤は正答率60％ほどで不合格となりました。

合否の差はあれ、全員がクラウドの概要をひととおり理解することにはつながり、きっちり合格するには受験のための学習が必要であることも分かったので、これでクラウドの学習を終了しました。

いよいよ学習は佳境に差し掛かってきます。チームの学習に対する姿勢や慣れ具合に関してのコンディションは良好です。習得のハードルが高いデータサイエンス分野の学習を乗り越えられるのか、森本たちの真価が問われます。

とりわけハードルが高いと思われるPythonの学習プランは以下のようなものです。

最初の2週間でPythonコーディングの基礎、次の2週間でPythonコーディングのオブジェクト指向、次の2週間でPythonデータ分析の基本を学び、最後の2週間でデータ分析の実践を行います。このように合計2か月をかけて学習を行います。

まず各自のPCに開発環境を設定します。森本はAnacondaを用いることにしました。Anacondaとは、Pythonのディストリビューション(distribution)で、Python

の開発に必要なものをすべてセットにしたものです。Anacondaは、Pythonの開発環境やエディターも同時にインストールできるため、機械学習などで必要なツールやライブラリのほとんどがAnacondaからセットアップできます。そこにはNumPy、SciPy、Pandas、scikit-learn、Jupyterなどのライブラリが含まれています。演習用のデータセットを用いてこれらのツール・ライブラリを使いこなせるように訓練していくことになります。

次に、プログラミング未経験者であるチームメンバーがプログラミングの記述ルールやプログラミングに用いるツールの基本的な操作方法を習得します。

さらに、複雑な処理を行うためにデータとデータ処理をまとまりで扱うオブジェクト指向という考え方を理解する必要があります。そして、オブジェクト指向を理解したうえでデータ分析に用いられるライブラリを使って実際にデータ分析を行います。

森本はこの学習に向けて、素人だけではやっていけないだろうと専門家を招聘することにしました。専門家に求めるのはヘルプデスク機能と師匠機能です。

森本の知り合いにPythonプログラミングができて、データサイエンスを扱える人材はいなかったので、副業マッチングサービスを利用しました。

副業マッチングサービスとは、副業したい個人とその個人に仕事をしてほしい法人をマッチングするサービスです。検索した中でよいと思った何名かにスカウトメールを送り、面接を行い、合格を出した方に学習の伴走を依頼しました。オンラインでの面談、あるいはチャットでの相談に対応してもらえることになり、専門家の招聘を無事行うことができました。

皆で最初の一歩からプログラミングを学んでいます。最初の基礎構文はひたすらルールを覚えて、手を動かしながら慣れることが大切です。皆、各自で授業動画を見ながら手元でコーディングする形で黙々と学習を進めます。

2週間後のピアラーニングでは各自がUdemy上の授業動画内で出題された演習問題を解いてきて、その内容と共に学んだことや苦戦したことを共有し合いました。

山田はかなり順調に進められており、つまずくこともほとんどなく、課題の範囲外の内容も学ぶなど勢いよく学んでいる様子でした。森本も順調に楽しく学ぶことができていました。加藤は昔Fortranというプログラミング言語を扱ったことがあり、意外なことにPythonの飲み込みは早いようです。

近藤は少し苦戦していたようです。数学があまり得意ではないことで演算子の扱いに少々面食らったことや、不用意に半角スペースを打ち込みエラーになってしまうなど多少のつまずきはありましたが、いずれも自力で克服していました。

専門家からのフィードバックも、プログラミングに慣れ親しむことの大切さを説く内容で、おおむね助走期間を皆で無事に走り抜けたことを喜び合うような場になりました。

しかし、このピアラーニング以降、急激な難易度の上昇に全員が苦しむことになります。

線形代数、行列、ベクトル演算……高校で学んだ数学用語が出てきました。データ分析に用いる数学的な処理や読みやすいデータ表示のための処理などをPythonのライブラリを用いて処理することができることが分かりましたが、しかし、そもそもの数学的に何の処理をしているのかが分かっていないと扱えるようにはなりません。

生成AIに、線形代数とは何か中学生でも分かるように説明してくれ、と何度も教えを請いながら、学生の頃に学んだ数学の知識を無理やり呼び起こしながらの学習となりました。

山田は理系科目が得意であったこともあり、学習すればするほど数学的な理解を伴うプログラミング技術の習得が進んでいきました。重回帰分析の問題、たとえば複数の変数によって定められた結果に対して、その結果に影響を与えている変数はどれであるか、といった問題について、Pythonを用いて処理することができるようになっていきました。

加藤と森本も重回帰分析の問題をプログラミングによって処理できるようになりました。近藤は見よう見まねでプログラミング課題は何とかクリアしましたが、数学的な意味の理解につまずきを残してしまいます。

専門家とのやり取りにおいても、山田は重回帰分析以外の分析手法に触れ、Pythonを使った処理においての留意点や便利な使い方のTipsを教えてもらって自分で試し、専門家が普段行っている実際のデータ分析業務での様子などについて教えてもらうなど、水を得た魚のようにデータサイエンスを楽しんでいました。

そんな山田に触発されて、加藤も森本もこれから実践するはずの予知保全における機械学習の考え方について専門家に教えてもらいながら、実務活用のイメージを膨らませました。

このリスキリングプログラムで用意したカリキュラムは、次が最後です。⑥ビジネスアーキテクト（DSS－Pのビジネスアーキテクトを参照し、デジタル技術導入プロジェクトに関する知識習得）です。

予知保全においては、ロールとしては社内業務の高度化・効率化が求められます。DSS上でも、目的の定義や実現方法の策定、関係者のコーディネート、実現に向けてのリードなどの責任を担うとあります。

とりわけ、予知保全が既存の業務プロセスがある中で、設備故障予兆をどのように扱うのか、新たな業務プロセスはどのように変わるのか、メンテナンス業務に従事する技術者たちにどのように動いてもらいたいか、この取り組みのリターンをどう設定し、コスト許容範囲をどのように考え、経営に対してどういった提案を行えばいいのか。検討すべきことはたくさんありそうです。

この学習においても答えが存在せず高度な情報整理や判断が求められることを考慮し、専門家を招聘することにしました。今度はＤＸやＩＴプロジェクトを推進してきた経験のある人材に来てもらいました。再び副業マッチングサービスにお世話になりました。

ビジネスアーキテクトに関する学習テーマをもう少し掘り下げて考えてみます。一言でいえば、複雑な状況の中で成果を出すために考えて推進していく力です。

成果に向かって、さまざまな判断を下し、対応することで物事が進んでいきますが、一つひとつの判断や対応に分かりやすい正解があるわけではありません。求められているのは、未来の不確実性をコントロールする技術であって、過去の確実性から正解を導き出す技術ではありません。

この技術は社会の中では問題解決力と表現されます。抽象的な問題を論理的な処理ができるレベルまで具体的にしたうえで、確からしい答えを導き出すことになるので、ロジカルシンキングやクリティカルシンキングといった技術を組み合わせてのトレーニングが必要となります。

論理の世界に落とし込むためにも、現実の問題の抽象化や具体化といった概念の扱いが求められます。

抽象化や具体化の概念を扱うというのは、どういうことでしょうか。現実世界ではある事象を捉えようとすると見る人によって捉え方が異なる、ということがよくあります。物事の一側面を取り上げて、問題解決を主張しても共感は得られません。

具体的な側面を複数統合して抽象的な概念として認識しつつ、抽象的な本質を捉えられなければ、複雑な問題を解決することは叶いません。現場では旧来のやり方を大切にする人と、新しいやり方を取り入れようとする人との間でも、意見が異なるでしょう。

部門を超えて取り組みを進めるとき、部門間の利害関係も生まれるでしょう。そうした複雑な現実に押しつぶされることなく適切に対応していくためには、思考の次元を引き上げて抽象的なレベルで物事を捉えられるようにする訓練が必要です。この力をここでは概念化力と呼びます。

学習テーマを、概念化力を用いて現実の問題から抽象的な本質を抽出し、問題解決力を駆使して問題を論理によって処理することで、未来の不確実性をコントロールする技術を習得することと定義しました。

　これを現実的な業務、たとえば予知保全のプロジェクトで使えるスキルとしてトレーニングするために、Z社が過去に行った先進的な取り組みの事例を題材にしたケースによる思考訓練をベースに学ぶことにしました。ケースから状況を読み解き、概念化力や問題解決力を使って、アウトプットとしてのドキュメンテーションの作成やプレゼンテーションなどを行うことを繰り返す形の訓練です。

　この訓練では過去に行った生産工程の自動化プロジェクトを題材にしました。プロジェクトを担当していたメンバーに協力してもらい、プロジェクトのドキュメンテーション、たとえば経営会議に提出したプロジェクト審議資料等を参考にして行われました。

　解くべき課題をどのように設定したか、業務プロセスの変更箇所や現場の巻き込みに向けた注意点など、いくつかの検討テーマを設定しました。自分たちであればどのように課題を設定するか、業務プロセスの変更箇所をどう表現してどうやって現場を巻き込むのか、これらについてドキュメンテーションで整理し、ピアラーニングでプレゼンすることにしました。

専門家にフィードバックしてもらうことで、単なる過去プロジェクトとの差分を確認するにとどめずに、概念化力や問題解決力を高めるための問いを立てられるようにしました。

この取り組みにおいて、もっとも素晴らしい動きを見せたのは、誰あろう、プログラミング学習では苦戦を強いられていた近藤でした。

目に見える現象をそのまま問題として箇条書きするのではなく、抽象化した本質的な問題を設定し、課題を特定するよう工夫しており、その思考プロセスは山田や加藤も感心していました。

そうして近藤が話すストーリーには説得力を感じるようになり、自他ともに認められるスキルの向上が確認できました。

## 第5章のPOINT

■メンバーと本人のキャリアのためだけに会話する機会を設ける

■メンバーの学習に関心を寄せ、それぞれに合わせた声をかける

■プログラミングなどの専門領域は、専門家を招聘して技術的な課題を解決する

# 第 6 章

# ステップ4
# 達成する（実務伴走）

身につけるべきスキルを明確にし、学習を設計し、実行する。学習を伴走し、プログラムを完了させていく。ここまで、チームの「学習」を実行させる方法を紹介してきました。最後のステップは、「実務」につなげることです。

ここでは学習スタート時と同様に、個別面談で、リスキリングプログラムの振り返りやキャリアについての対話をしていきます。面談を踏まえ、役割を任命することで、実際にスキルが仕事に活かされ、プロジェクトが加速していきます。

たとえば、データサイエンスについての学習成果の高いメンバーには、よりデジタル的なアプローチを駆使する役割に、プロジェクトマネジメントの学習成果の高いメンバーには、プロジェクトが意図したゴールに向かうように、プロジェクトのマネジメントを任せます。

**リーダーがメンバーの学習成果を知り、強みを活かしたアサインを行うことによって、チームに成長実感と強いモチベーションが生まれます。**

学習することだけでなく、実務に活かせるアサイン、環境づくりをしていくことが重要になります。

またステップ1でも解説したとおり、「反復的なアプローチ」が重要です。一回の短期的な取り組みではなく、繰り返しの中長期的な取り組みによって、目的を達成する認識のうえで、実務の結果を見ていく。そして、学ぶべきスキルを再設定して、学習の結果を出す。それを実務に活かしてより良い結果を求める――このように反復的なアプローチを意識し、さらなるスキルの向上を目指していきましょう。

---

## Z社のストーリー⑦

森本はリスキリングプログラムの一旦の締めくくりとして、各メンバーと面談をすることにしました。加藤との面談は、当初の面談とは明らかに異なる雰囲気の中で行われました。

加藤はこの一連の経験を経て、ある思いを抱くようになっていました。長年培った技術者としての経験をデジタル技術によって残していきたいという思いです。

---

加藤には、製造を武器に世界と戦い、この会社を強くしてきたという技術者としての自負がありました。しかし今回の学習を経て、製造の強さはデジタル技術によって左右される時代になったことを痛感しました。予知保全のプロジェクトの成否にかかわらず、加藤は残りのキャリアをかけてデジタル技術とアナログ技術の融合に取り組みたいと思うようになっていました。

森本は加藤の話から技術者の矜持を感じ取り、思わず目頭が熱くなりました。

山田との面談もまた、当初のそれとは異なっていました。驚いたことに山田はデータサイエンティストに関する資格を自費で取得していたのです。

山田は製造ＤＸの将来性を語り、データサイエンティスト×生産技術者としてのキャリアを語りました。ともに学んだ間柄ですから、そこで語られる内容は既に二人の共通認識になっています。ですから、内容そのものには目新しさはないのですが、山田自身のキャリアとして自分事化された状態で語られたことに、森本は大変驚きました。同時に優秀な部下が未来を本気で語るときに感じる独特の危機感と切迫感をマネジャーとして初めて感じました。会社として彼に機会を提供できなければ他社に転職してしまうという危機感です。

一方で、こういった現場の強い意志によって突き動かされる変革こそが経営層が求めているものであるならば、この危機感は健全なものであろう、望むところだ、と森本の意志もまた強くなるのでした。

近藤との面談は非常に楽しいものになりました。プログラムを通じて近藤の視点や着眼点が明らかに変化していました。日常業務のあらゆる事柄に対して概念化力や問題解決力を活かそうとしていることを強く感じました。

面談の中で近藤は、書籍や動画を選ぶ際の傾向も変わってきたと楽しそうに話していました。最近は物理と宗教にはまっているようで、概念化力や問題解決力とそれらの間には共通点があることを熱心に語ってくれました。森本も人文科学と日本の民俗学に興味があることから、互いの興味と共通点について大いに議論が盛り上がり、楽しい面談になりました。

各々のメンバーとの最初の面談を思うと、森本は明らかな変化を実感することができました。その変化に共通しているのは、学びによる成長は人に活力を与えているということです。

人間は成長を欲する生き物だと何かの本で読んだことを思い出しました。時代の変化に合わせて学ぶことはごく当たり前のことであり、成長を通じて人は健全な意欲が掻き立てられ、新たな機会、役割、職を得られることにつながるのだと、森本はあらためてリスキリングの意味を痛感しました。

製造DX推進プロジェクトの成功に向けて、森本たちはリスキリングプログラムの成果を発揮します。リスキリングプログラムを通じて森本たちは非常に強いチームになっていました。

森本以外にも複数のプロジェクトメンバーがいて、それぞれが製造DXのプロジェクトを立ち上げていたので、複数のプロジェクトチームが同時並行で進んでいます。しかし、どのプロジェクトチームも進捗は芳しくありませんでした。

ものをつくるという物理的な営みを中心に据えながら、デジタルの力を使って解決を図るという試みには、物理的なアプローチとデジタル的なアプローチの両方の要素が複雑に絡みます。

物理的な営みで育んだ技術やノウハウ、考え方や信念、プライドといった脈々と息づく要素と、デジタルの世界で育まれた技術、考え方、信念といった新しい要素があらゆる場面で交錯し、摩擦を起こし、衝突を生みます。

多くのプロジェクトチームは、そうした対立構造に端を発した問題を抱え、膨大なコミュニケーションコストをかけて取り組みを進めること自体に疲弊していました。


森本たちのチームは違っていました。典型的な物理的世界の職人である加藤ですら、DSS－LのすべてとDSS－Pの人材類型に求められるスキルの一部を習得しています。

デジタル技術の活用を通じて物理的な世界に起きる変化やそれに伴う不安は、加藤がよく分かっており、それに対してリスクを訴え異議を唱えるのではなく、リスクを特定して、解決のための具体的なはたらきをします。

そうした加藤のはたらきに対して山田の協働が効果を発揮します。データサイエンティストとしての片鱗を見せ始めている山田は、よりデジタル的なアプローチを駆使して、取り組みを加速させます。

さらに近藤のプロジェクトマネジメントの力が役に立ちます。加速した取り組みは常に部分最適の罠にはまりこむリスクを抱えます。迷走することなく意図したゴールに向かうように、近藤はプロジェクトをマネジメントします。

森本は取り組みを俯瞰して、経営への報告や投資の提案、外部の専門企業への発注予算の確保、部門間の調整交渉などに専念することができました。

そうして森本たちのプロジェクトは順調に進捗し、少しずつですが確実に成果を出していきました。苦戦するチームが多い中で、森本たちのチームの活躍は社内に知れ渡ることとなります。特にリスキリングプログラムの取り組みが評価されることになりました。

経営の目標に向かって柔軟で機動的な組織・文化を創り出すためのリーダーシップの必要性を痛感していた経営陣の目に留まったのです。さっそく管理職向けの次世代リーダーシップ研修に組み込まれることになりました。

また、この新しいスタイルのＯＪＴを支えるために人事から現場に対する支援体制も構築されます。現場リーダーにとって骨の折れるさまざまな業務、たとえばカリキュラム作成をある程度パターン化できるように整理され、助けを求めづらい社外の技術専門家にいつでもコーチングしてもらえる体制が構築され、キャリアデザインの施策とリスキリングの施策がタレントマネジメント施策として統合され、リーダーによるリスキリング面談を支えることになりました。

このような取り組みを通じてZ社のリーダーシップは変わっていくことになります。これまでZ社が大切にしていた各部署・各職種での専門性を磨く意識はそのままに、デジタル分野に代表される新しいスキルを意図的に加え、強いチームをつくることができるリーダーが活躍する企業になっていきました。

## 第6章のPOINT

- 個別面談で、学習の振り返りやキャリアについて対話する
- 個別の学習成果や強みによって、プロジェクト内の役割をアサインする
- リスキリングは新しいスキルだけでなく、成長実感を生み、チームを強くする

# おわりに リスキリングはあなたのキャリアと組織を変えていく

本書では、組織を変革するリスキリングを、現場のリーダーが推進していくための実践法について考えてきました。４つのステップでチームの学びを伴走し、実務につなげていく。「リスキリングキャンプ」での経験をもとに、エッセンスを抽出したものです。

最後に、リスキリングを自分のものとするためのいくつかの視点をご紹介します。

## リスキリングがキャリアを考えるきっかけとなる

キャリアはどこからスタートするのでしょうか。

読者の方の多くは、学校を卒業した後に企業に就職した経験があると思います。いわゆる新卒入社です。「キャリアのスタート」と聞くと、その頃のことを思い出すのではないでしょうか。

就職活動においては、職業選択の自由が保証されています。どんな業種の、どんな職業に就くかを、自分で選択することが可能です。とはいえ新卒採用の多くは一斉に行われるため、自由を行使しているという感覚は小さいかもしれません。

むしろ、自己都合の転職を経験するタイミングになって初めて、自由を行使することを実感する人が多いように思います。自分の判断で、自分にとって良いと思える選択をし、その結果に対して責任を持つ感覚をおぼえる方をたくさん見てきました。

本書のテーマであるリスキリングは、テクノロジーの進歩に伴う変化に対応するためにスキルをアップデートする取り組みです。転職にしても、リスキリングにしても、共通していえることは、自分の判断で自分にとって良いと思える判断をして、その結果に対して責任を持つということです。

景気の状況、所属する業界や会社の趨勢、自分の専門領域の職種やスキルのトレンド、こういった複雑な状況の中で自分自身のキャリアやスキルをどのように鍛え、生き残りを図っていくか、これが職業選択の自由に伴う自己責任の正体なのかもしれません。

デジタル化が進むにつれて、ＩＴ文化にある自己研鑽の精神性が広まります。自分のスキルをコントロールする責任は自分にあるという風潮が、今後より一層強まっていくことが考えられます。

これから先、いまの職種のままでこれからも続けていく人もいれば、新しい職種あるいは業種へチャレンジするという方もいるかもしれません。

いずれの道を選ぼうとも、皆さんが属している業種や会社、職種の影響を少なからず受けながら、歩んでいくことになるでしょう。

すでに進むべき道が見えている方は、その調子で進んでください。そして、まだぼんやりとしか見えていない方は、少し立ち止まって考えてみてください。

本書の中のさまざまな事例やトピックスからヒントが得られることを願っています。

## 現場のリーダーこそが、組織を変える原動力となる

デジタル化により、ビジネス環境は大きく変わっていきます。

アナログ的なアプローチによる連続的な改善は、デジタル的なアプローチによる非連続な変化に凌駕される可能性が高まります。経験や勘、度胸に頼った判断よりも、データに基づく事実や根拠に基づいた的確な判断が、より一層求められていきます。

事業によっては、サービス設計がオフライン中心からオンライン中心へと変わっていくでしょう。顧客対応も、人力による個別対応からデジタルを用いた無理のない柔軟性ある

対応へと変わります。ビジネスにおける柔軟性を人の力で担保していたのが、柔軟性を提供するデジタルを作りこむ人の力が求められる状況に変わります。

このように、さまざまな業種・職種で変化が生じてくるでしょう。

一方で、デジタル活用には万能的なソリューションがありません。現状、業種・職種ごとのテクノロジー活用事例があるばかりで、自分の業種・職種にフィットした対応方法は、自ら見出す他ありません。

ここに、それぞれのリーダーが孤独に奮闘せざるを得ない状況が生まれています。

しかし見方を変えれば、**だからこそ、現場のリーダーが組織のリスキリングを成功させる原動力となり得るのです。**

担当領域を熟知したうえで、テクノロジーを活用していく。

「教える」ではなく「ともに学ぶ」。

他部署とのコラボレーションを加速させる。

チームに変化を起こし、それを組織の変化に変えていく。

そして、現実的には足元の仕事もしっかりとやりきる。

この変化は、組織の経営陣だけではできません。領域を熟知し、チームメンバーともに事業を成長させていく現場リーダーだからこそできるのです。

本書はそういったリーダー達の助けになることを第一の目的にしています。

本書を役立てていただけることを切に願っています。

## リスキリングとリベラルアーツ

変化を考えるときに大切なのは、変わった後の状態を前提に、今の会社や職場、業務を見つめ直すことです。

変化の邪魔をしてしまうのは、人のパラダイム、認識の枠組みです。

皆さんは、「妻と義母（My Wife and My Mother-In-Law）」という有名な隠し絵をご存じでしょうか（図7－1）。ここに描かれているのは、若い女性と年老いた女性の二通りの受け取り方ができますが、若い女性であると捉えると、若い女性にしか見えなくなり、年老いた女性であると捉えると、年老いた女性にしか見えなくなります。一度どちらかの捉え方を

図7-1　妻と義母

すると、別の捉え方がしづらくなるというわけです。

同じように、皆さんが今いらっしゃる職場も、デジタルの立場から見た場合と、アナログの立場から見た場合では、見え方が大きく異なるはずです。

**認識の枠組みを外して、状況を客観視する力を高める修練が大切になります。**

この能力は、どのように高めることができるのでしょうか。

そこで私がお勧めするのは、リベラルアーツを学ぶことです。一見、リスキリングと遠い存在のように思われるリベラルアーツですが、状況を客観視するための力となります。

私はリベラルアーツとは「自由になるための技術」と教わりました。

リベラルアーツは、古くは古代ギリシャ・ローマ時代に自由市民が学ぶべき基礎的な学問を指す言葉で、文学、哲学、歴史、自然科学、数学、宗教、音楽、美術などを指します。

これらがなぜ自由になるための技術と呼ばれるのか。

たとえば、仏教です。仏教には「空」という言葉があります。「無我」、つまり我が無いということのようです。

自分という存在を分解すると脳や骨や肉があり、DNAがあり、さらに分解すると原子になり量子になります。そこまで細かく見たときに、その原子や量子は自分であるといえるのでしょうか？

新陳代謝によって人間の身体、細胞は3か月で完全に入れ替わるといいますが、もし原子たちが自分であるとするなら、入れ替わることで排出された細胞（＝自分）は、今どこで何をしているのでしょう？　あるいは、原子レベルでは自分であるとはいえないとするなら、どの段階まで自分であり、どの段階で自分でなくなるのでしょう？

仏教において「空」や「無我」を教わるとき、このような問いが立てられます。

また仏教では、人は執着によって苦しむ、ともいいます。

たとえば、「自分のスキルを部下に教えたが、うまくやれない」「（部下が）やれるまで頑張ろうとしないことに苛立ちや徒労感を感じる」といったリーダーの声をよく聞きます。

これに対しても、「執着するな」の一言でバッサリと片づけられます。あらゆるものは変化し続け、部下も自分も3か月後には細胞が完全に入れ替わるくらいの変化があるのに、自分の指導が部下に届かないことを「変わらない」「永遠にそうである」という思い違いを、自分の意識が勝手にしている——仏教ではそのように考えます。

自分の存在の証明が難しく、自分の意識の所在も曖昧なのに、その意識が部下育成の事象について必要以上に失望したからといって、その意識の訴えを真に受ける必要があるのか。それを真に受けるから人は苦しむのだ、と教えられます。

さらには、嫉妬や確執なども人を苦しめます。

社会ではたらく人にとって、他人との対比の中ではたらくことが常です。「出世や評価で同僚に差をつけられた」「あの人やあの部署のことは認めたくないが、自分や自分の部署のことは認めさせたい」など、さまざまな感情が渦巻くこともあるでしょう。

これらもまた「執着するな」の一言でバッサリと片づけられます。

このように仏教について学びを進めていくと、意識の暴走を制御する術や、本当に大切なことに意識を集中する術を身につけることができます。これらが自由になるための技術、すなわちリベラルアーツなのだと、私は捉えています。

リベラルアーツを学ぶことで、異なる立場がたくさんあり、たくさんのものの見方があることを知ることができます。認識の枠組みを外し、状況を客観視することができます。**人と人が協力し、変化を起こそうと行動するときに、その力が土台となります。**

アップル創業者のスティーブ・ジョブズがマインドフルネスを好んでいたのは有名な話ですが、こういった術を駆使して時代の変化を創ることに集中したのかもしれません。

リスキリングとは、テクノロジーの進歩に対応するためにスキルをアップデートする取り組みであると本書ではお伝えしてきました。スキルをアップデートする際には、ＩＴスキルの習得だけでなく、こうしたリベラルアーツなどを通じた認知能力の向上についても是非取り組んでみてください。

## 謝辞

多くの方々のお力添えによって本書の出版が叶いました。本企画は株式会社ディスカヴァー・トゥエンティワンの編集者、伊東佑真さんの熱意によって生まれました。私に「変化の激しい今こそ学習する組織や学習する個人が増えていくことが大切だ」と熱く語ってくださいました。伊東さんの熱い想いに共感し、本企画につながりました。

伊東さんとの縁をつないでくれたのは清水さやかさんです。彼女はパーソルイノベーション株式会社をはじめとしパーソナルグループの新規事業をミッションとする複数社の広報責任者として統括しており、「リスキリングキャンプ」のよき理解者です。「リスキリングをバズワードで終わらせない」を合言葉に、本書と同じく最強のチームとなるべく奥川萌さん、青山佳子さん、若林由佳さんと一丸となってメディアへの発信を続けてくれました。リスキリング調査レポートについて、同じくパーソルイノベーション株式会社の調査担当越智聖人さんに企画・設計を担っていただきました。

ディスカヴァー・トゥエンティワン編集長大山聡子さん、敏腕編集者千葉正幸さんには、制作のおいても強力にバックアップいただきました。私の駄文も、千葉さんの編集にかかれば書籍の体にどんどん近づいていくことに、プロの仕事を見ました。千葉さんのおかげで、不慣れな執筆を最後までやり遂げられました。

私とともに「リスキリングキャンプ」を立ち上げた中村友香さんには編集協力を仰ぎました。数多くのリスキリング支援案件を取り仕切り、学びを間近で支援してきた彼女の視点のおかげで、事例をリアリティある形で用いることができました。

ほかにも本企画の土台となった取材をいただいた杉山忠義さんをはじめ、構成、デザイン、校閲など本書の出版を支えていただいた皆様に心より感謝申し上げます。

「リスキリングキャンプ」の事業はたくさんの方々の支えによって成り立っています。業務提携関係にある株式会社ベネッセコーポレーション社会人教育事業本部本部長（Udemy日本事業責任者）飯田智紀さん、同副本部長菊井顕治さんをはじめとしたUdemy事業に関わる皆様。同じく業務提携関係にある日本マイクロソフト株式会社の関係者の皆様、元日本マイクロソフト株式会社チーフラーニングオフィサー伊藤かつらさん。一般社団法人ジャパン・リスキリング・イニシアチブ代表理事後藤宗明さん。皆様との連携を通じてより多くの方へより役立つサービスを提供できるよう引き続き努力いたします。

事業を立ち上げて成長させていく過程でたくさんの方に助けていただきました。「リスキリングキャンプ」の生みの親は岩田亮さん（パーソルキャリア株式会社取締役執行役員）です。

当時は、事業管掌役員として、この事業を創る機会を与えていただきました。テクニカルに事業を創るよりも、意志を持って社会に役立つ事業を創ることを大事にすべしとの教えを今も変わらず大切にしています。パーソルクロステクノロジー株式会社ITエンジニアリング本部本部長大久保直樹さんは事業立ち上げから今に至るまで支え続けてくださいました。事業PoCからご支援いただき、今もなお新しいチャレンジをご一緒させていただいています。パーソルテンプスタッフ株式会社経営企画本部本部長（元CIO／テクノロジー本部本部長）原田耕太郎さんは本事業の恩人です。非IT人材のテクノロジー人材化を目指すリスキリングプログラムの取り組みを行っており、その取り組みを手伝わせていただく過程で、今の法人向けサービスの原型が生まれました。パーソルホールディングス株式会社グループテクノロジー推進本部本部長内田明徳さんには、グループのデジタル化推進を行う中で得られた知見をもとに、事業へのアドバイスをいただいています。執行役員CIO／CDO柘植悠太さんには企業のデジタル変革に関する知見をいただき、お客様のデジタル変革を支援する力になっています。パーソルキャリア株式会社代表取締役社長瀬野尾裕さんは本事業の原点に強い影響を与えてくださいました。私のリーマンショックの忸怩たる思いが本事業の原点ですが、当時の上司が瀬野尾さんでした。瀬野尾さんから薫陶を受けたおかげで、当時の無念を原動力にして、今の活動につながっています。長井利仁さん（パーソルデジタルベンチャーズ株式会社代表取締役社長）は常に時代の先を見据えた闊達な議論で導いてくれます。大浦征也さん（パーソルイノベーション株式会社代表取締役社長）は、はたらく人々への想い、事業の志を同じくして支えてくださる心強い存在です。

そして何よりも本サービスをご利用してくださっている皆様に支えられています。私たちの考え方やこだわりに共感してくださってご利用くださっているお客様や、サービスを通じて学びを共にする学習者の皆様、学習を伴走いただくコーチの皆様。「リスキリングキャンプ」はたくさんの方々の支えによって成り立っています。

今起きているテクノロジーの進歩は、皆さんがはたらく環境に大きな影響を及ぼすでしょう。これまで懸命にはたらいてきた人々が、変化の中で悲しむことのないよう、いつでもなめらかにリスキリングできる社会に近づくことを願っています。そして、大きな変化に立ち向かうリーダーたちを心より応援しています。最後までお読みいただきありがとうございました。

柿内秀賢

※所属・肩書きは2024年3月時点のもの

リスキリングが最強チームをつくる

発行日　2024年3月22日　第1刷

Author　柿内秀賢
Book Designer　カバーデザイン　小口翔平＋須貝美咲(tobufune)
本文デザイン＋図版デザイン＋DTP　小林祐司
Publication　株式会社ディスカヴァー・トゥエンティワン
〒102-0093　東京都千代田区平河町2-16-1 平河町森タワー11F
TEL　03-3237-8321(代表) 03-3237-8345(営業)／FAX　03-3237-8323
https://d21.co.jp/

Publisher　谷口奈緒美
Editor　千葉正幸　伊東佑真　(編集協力:杉山忠義)

Distribution Company
飯田智樹　古矢薫　山中麻吏　佐藤昌幸　青木翔平　磯部隆　小田木もも　廣内悠理　松ノ下直輝　山田諭志
鈴木雄大　藤井多穂子　伊藤香　鈴木洋子

Online Store & Rights Company
川島理　庄司知世　杉田彰子　阿知波淳平　王廳　大﨑双葉　近江花渚　仙田彩歌　滝口景太郎　田山礼真
宮田有利子　三輪真也　古川菜津子　中島美保　厚見アレックス太郎　石橋佐知子　金野美穂　陳鋭　西村亜希子

Product Management Company
大山聡子　大竹朝子　藤田浩芳　三谷祐一　小関勝則　千葉正幸　伊東佑真　榎本明日香　大田原恵美
小石亜季　志摩麻衣　野﨑竜海　野中保奈美　野村美空　橋本莉奈　原典宏　星野悠果　牧野類　村尾純司
安永姫菜　斎藤悠人　中澤泰宏　浅野目七重　神日登美　波塚みなみ　林佳菜

Digital Solution & Production Company
大星多聞　中島俊平　馮東平　森谷真一　青木涼馬　宇賀神実　小野航平　佐藤淳基　舘瑞恵　津野主揮
中西花　西川なつか　林秀樹　林秀規　元木優子　福田章平　小山怜那　千葉潤子　藤井かおり　町田加奈子

Headquarters
蛯原昇　田中亜紀　井筒浩　井上竜之介　奥田千晶　久保裕子　副島杏南　福永友紀　八木眸　池田望
齋藤朋子　高原未来子　俵敬子　宮下祥子　伊藤由美　丸山香織

Proofreader　文字工房燦光
Printing　日経印刷株式会社



ISBN978-4-7993-3020-3　RESKILLING GA SAIKYO TEAM WO TSUKURU by Hideyoshi Kakiuchi